28.02.2008

ODEON

BAND 21

Georges-Arthur Goldschmidt

Die Faust im Mund

Eine Annäherung

Aus dem Französischen von
Brigitte Große

Ammann Verlag

Die Originalausgabe
»Le poing dans la bouche«
erschien 2004 bei Éditions Verdier
in Lagrasse.

Die Übersetzung wurde gefördert
durch das Französische Kulturministerium,
Centre National du Livre.

Erste Auflage 2008

www.ammann.ch

Satz: Gaby Michel, Hamburg
Druck und Bindung: Freiburger Graphische Betriebe
ISBN 978-3-250-30021-2

Für Patrice Loraux,
in Erinnerung an Nicole

… aber das Zimmer ist leer, niemand kümmert sich um mich, es ist als sagte man: Laßt ihn, seht ihr nicht wie ihn seine Sache erfüllt, es ist als hätte er eine Faust im Mund.

Franz Kafka, *Brief an Milena*

Wenn das stolze, schelmische Gesicht auftaucht, vom jungen Leuchten seines Lachens überstrahlt – Schmerz, der das Blut stocken läßt und das Herz grausam plagt in seiner Schuld, Schmerz wie Salz in der Wunde. Gerechte Prüfung, unendliche Buße, gelebt in der Verjährung des Überlebens.

Louis-René des Forêts, *Ostinato*

Manche Bücher können einen ein ganzes Leben lang bestimmen und leiten, und wenn man das Glück hatte, sie zu finden und sie sogar zu übersetzen (*Der Prozeß* 1974, *Das Schloß* 1976), entsteht das Bedürfnis, von dieser Entdeckung zu erzählen. Davor aber liegt ein langer Weg von einer Sprache in die andere, ein Weg, der erst zu dieser Entdeckung hinführt und es ermöglicht, die Annäherung in aufwühlender oder heiter gelassener Vertrautheit zu durchleben.

Von Buch zu Buch und von Sprache zu Sprache zeichnet sich deutlicher ab, was man sucht, ohne es je wirklich zu finden, bis zu der entscheidenden Begegnung, die alles bisher Gelesene ordnet. Diese fand 1950 statt, und zwar an demselben Punkt, an dem die Suche 1943 ihren Ausgang genommen hatte.

Die folgenden Seiten wollen den Weg nachzeichnen, auf dem der Leser bestimmte Bücher findet, die ihm zum Stoff seines restlichen Lebens werden.

I

Das erste Auflodern

Alles beginnt an einem Oktobertag des Jahres 1943, in der Angst, Einsamkeit und Schande der Besetzung Frankreichs durch die Nazis. Mit einemmal fühlt man sich ausgerichtet an einer merkwürdig vertikalen Feststellung ohne Inhalt und Ausdehnung, die einen stets begleitet hat und sich plötzlich mit besonderer Deutlichkeit und Intensität abzeichnet. Spürt eine simple Gewißheit zu leben, ein ungekanntes Auflodern, das einen buchstäblich in sich selbst hineinfallen läßt. Eine Erschütterung, eine Grundlegung, einen Blitzschlag, aus dem ein unverrückbares Fundament für den Rest des Lebens entsteht. Gleichzeitig hört man das Lied des Föhns, jenes Südwinds, der über die Berge kommt und das Haus anzuheben scheint, daß es höher wird und sich aufrichtet, wie bedrängt von der Unermeßlichkeit ringsum.

Es war ein kurzer Rausch – ein Emporgerissenwerden, ein unsagbares Entzücken, eine leidenschaftliche Erregung, die mir die Tränen in die Augen trieb, das Gefühl, daß dieser zentrale Punkt außerhalb der Worte und ohne Halt eben das ist, worum die Sprache kreist, ohne es zu erreichen, ein leerer Punkt, der den Worten Raum gibt.

Diese Entdeckung, dieses *»Ich bin, ich existiere«*, wurde zum Orientierungspunkt des hilflosen, verlorenen, vertriebenen und mit dem Tod bedrohten Kindes, das als »minderwertiger« Christ zur Welt gekommen war.

Das Erlebnis war um so tiefgreifender, wesentlicher, je bedrohter ich – aufgrund meiner Herkunft – in meinem schlichten Überleben war, so daß jeder zufällig in einem Buch gelesene Satz Zuflucht und Zeichen wurde.

In dem strengen Internat in den Alpen Hochsavoyens, wo ich zu der Zeit lebte, gab es außer Lateinlehrbüchern und einem vom Verlag J. de Gigord eigens für katholische Lehranstalten herausgegebenen Handbuch mit *Ausgewählten Stücken* nur wenige Bücher. In der Jugend überfliegt man mehr, als man liest.

Es gab ein Exemplar von Pascals *Gedanken,* die in ihrer Knappheit Schauer hervorrufen können, dank derer man über das Lesen das ursprüngliche Staunen wiederfindet. Der Blick stockte bei der *»unendlichen Bewegung: der Punkt, der alles erfüllt, der Augenblick der Ruhe. Unendlich ohne meßbare Größe, unteilbar und un-*

endlich«. Das war kein Begreifen, sondern ein Ergriffenwerden. »*Das ewige Schweigen dieser unendlichen Räume erschreckt mich.«* Es war das gleiche, was mir eben passiert war, allein, im Schlafsaal ganz oben im Haus, ein plötzliches Gepacktsein, das einem den Atem verschlägt.

Der Körper war also so nah an den Worten, daß »Gedanken« erbeben lassen und den Atem nehmen konnten. Unter den *Ausgewählten Stücken* waren auch die *Maximen* von La Rochefoucauld, dessen heller Zynismus, wohltuende Bosheiten und Bedeutungsumkehrungen den Stoff des Denkens prägten. Es zog einem den Magen zusammen bei diesen schnellen, zugespitzten *Maximen,* durch sie erwies sich die französische Sprache als lebhaft, flink und präzise. Im Körper hinterließ dieses schlanke Französisch, das stracks auf sein Ziel losging, einen sonderbar schneidenden, fast heiteren Eindruck.

Bis 1943 hatte ich in ständiger Aufregung gelebt, von einer Züchtigung zur nächsten, kopflos vor Schimpf und Schande, daher war mir gar nicht bewußt geworden, daß ich kleiner deutscher Flüchtling längst Französisch sprach, als ob ich das seit jeher getan hätte, als ob es meine zweite Muttersprache wäre.

An jenem Oktobertag 1943 kam alles auf einmal, auch der zweifache Zugang zum Schreiben. Statt mich wie gewöhnlich zum zweihundertmaligen Abschreiben des Satzes »Ich darf im Unterricht nicht schwätzen« oder »Ich werde Schläge bekommen, weil ich faul bin« zu verdonnern, hatte man sich diesmal in den Kopf gesetzt, mich die »Abenteuer eines Zerstreuten« aus den *Charakteren* von La Bruyère abschreiben zu lassen. Noch nie hatte ich so Französisch geschrieben. Es war, als ob ich über dem Text schwebte, nie zuvor war mir die absonderliche Anordnung all dieser Buchstaben aufgefallen, die die Seiten schmückten, aber beim Vorlesen meist nicht zu hören waren; das verlieh dem ganzen ein elegant pittoreskes Flattern, das mich staunen machte. So wurde die Sprache, die ich abschrieb, zu einer überraschenden, wunderbaren Zuflucht in der alltäglichen Not.

Alles war anders als in meiner deutschen Muttersprache. Alles lief anders. Hinter den vollkommenen Sätzen La Bruyères zeichnete sich gegen meinen Willen das Deutsche ab, ein Block aus Angst und Grauen, daß man am liebsten die Bäume angefleht hätte, den eigenen Platz einzunehmen, oder sich an die Stelle der Gartenzäune wünschte; die braunen Uniformen der Nazipartei NSDAP mit der Koppel am Schulterriemen, all die Leute, die man kannte und fürchtete – der Krämer, der Kohlenhändler, der Lehrer –, die stocksteif und gestiefelt in Reihen durch die Dorfstraßen marschierten und die Hakenkreuzfahne schwenkten.

Seit 1937 schon das plötzliche Verstummen der Eltern, wenn die Kinder nach Hause kamen, als hätten sie sich in ihren unterbrochenen Gesten verheddert, als hätten sich die zuletzt ausgesprochenen Wörter auf ihren Lippen festgesetzt, und welche das waren, wußten wir nur zu gut: »Hitler«, »Juden«, »dort«, vielleicht auch »KZ«, ein Wort, das damals in aller Munde war.

Niemand sprach darüber, aber alle wußten es, selbst ich, ich spürte genau, daß die Landschaft, die ich sah, einen doppelten Boden hatte. Da war das ruhige, alltägliche Oben mit den Fichten und ihren grün schimmernden Stämmen und darunter der bodenlose Terror, der an die Oberfläche drang und alles verdunkelte. Plötzlich traten die behäbigen, dicken Männer, die sonst friedlich Drehständer mit Ansichtskarten auf dem Bürgersteig aufbauten oder Schaufenster mit Shampoo-Gebinden dekorierten, mit haßverzerrtem Mund in gänsekackbraunen Uniformen auf, im Gleichschritt, marsch. Alles war grau und trüb geworden. Es gab vertraute Orte, an die man nicht mehr ging. Der innere Horizont war umstellt von großen Zusammenbrüchen. Man wurde von einer senkrechten Platte entzweigeschnitten, man war wie unter sich selbst verkrochen, als ob man sich in seinen Keller flüchten und dort zum Flaschengestell werden wollte.

Die großen Eichen, vom Wind gezaust, der über die Ebene strich, die in weiter Ferne von den Bäumen und niedrigen Häusern an einer noch unbekannten Straße gesäumt war, der Himmel, an dem sich die vom Meer her kommenden Wolken jagten, die Windmühle, deren Flügel immer hinter einer kleinen Anhöhe verschwanden und wieder auftauchten, all das war nach 1937 verboten, abgeschnitten, außer Betrieb. Deutschland verfiel in Angst, erstarrte unter der allgegenwärtigen Bedrohung, die uns die Beine steif machte, uns Kindern, die ahnten, daß sie Geächtete waren, ohne zu wissen, warum.

Das ganze Land wirkte verkehrt, wie verwandelt von der zu verlogener Begeisterung mutierten Angst, die Leute hatten sich den Dingen, den Befehlen gebeugt, und immer krümmte Furcht ihnen den Rücken. Das Deutsch meiner Kindheit klang plötzlich abgehackt, grob und hart, es traf dich in die Seiten, rauh, aus tiefer Kehle gebrüllt, und wenn Tralau, der stiernackige Nazi-Schuldirektor, gegen *Minderwertige** und *Volksverräter* hetzte, war es schon von weitem zu hören.

* Kursiv gesetzte deutsche Begriffe sind im französischen Original deutsch.

Von diesem kalten, trockenen, granitenen Deutsch wurde alles abgeschnitten, geköpft, versteinert, vereist, als ob das Naziregime die Sprache verschluckt und aufgefressen hätte, um den Geist zu zementieren. Wenn du so vor dich hin gingst, als ob sich nichts verändert hätte, und den Blick zum Horizont hobst, versetzte es dir gleich einen Schlag: Immer konnte von irgendwoher ein SA-Mann in brauner Uniform kommen und dich mitnehmen.

Ständig spürte man diese Präsenz im Rücken, das fiel mir wieder ein, als ich abschrieb: *»Ménalque steigt die Treppe hinab, öffnet seine Haustür, um auszugehen, und schließt sie wieder hinter sich zu: da wird er gewahr, daß er die Nachtmütze noch aufhat; er mustert sich genauer, merkt, daß er nur halb rasiert ist, daß er seinen Degen an die rechte Seite geschnallt hat, daß seine Strümpfe ihm bis auf die Fersen herabhängen und sein Hemd nicht in den Hosen steckt.«*

Unter dem Text von La Bruyère blieb die Muttersprache wie eine schweigende Masse. *»Geht er über einen Platz, so spürt er plötzlich einen kräftigen Schlag gegen den Magen oder ins Gesicht; er begreift gar nicht, was das sein könne, bis er sich ermuntert, die Augen aufschlägt und dicht vor sich eine Wagendeichsel oder eine lange Bohle entdeckt, die ein Handwerker auf den Schultern trägt.«*

In den neckischen Girlanden all dieser Buchstaben, die nicht ausgesprochen wurden, lag etwas Heiteres. Obwohl es eine Strafe war, bereitete mir das Abschreiben dieser Sprache, bei der man so gut verstand, was man nicht hörte, dieses ständige *-oing, -ant, -ait, -ier,* großes Vergnügen. Die berühmte Orthographie, von der jeder sprach, begann mich zu faszinieren.

Das Französische hatte etwas Mondänes, Möbliertes, es war eine Sprache der Tapisserien, Medaillons und Fauteuils. Eine Sprache, die in den Mund flitzte, wenn man sie nur in den Mundwinkel nahm, und ganz von alleine lief. Sie hatte nicht solche Rundungen und Hebungen wie das Deutsche, nicht deren Weiches noch deren Hartes. Das Deutsche, meine Muttersprache, erfaßte den Körper anders als das Französische, das darüberlag, gestützt vom Fundament des Deutschen, das ich, aus Scham über meine Herkunft, vergessen zu können glaubte. Wie jedes deutsche Kind beherrschte ich mit zehn die gesamte Sprache, weil sie sich nur aus sich selbst zusammensetzt. Man wird von ihr durchdrungen bis ins Mark. Geräusche, Farben, Beschaffenheiten – all das lernt man voller Entzücken an der Muttersprache, das Haus, der Garten, die Schule bilden die Sedimente des Selbst. Die Sprache ist der hochrädrige Zug, der weit entfernt vorbeifährt, die Spiegelungen im Wasser unter der Brückenwölbung, rufende

Stimmen, das *Rascheln* des toten Laubes, wenn der Fuß es durchpflügt.

Doch im Hintergrund mischte sich auch Angst hinein, eine physische Furcht, wie man sie oft empfand zwischen 1936 und 1938, am Saum des Sachsenwaldes, wo das helle Buchenlaub überall auf den dunklen Grund der Tannen stieß. Wir fuhren mit dem Fahrrad durch den Wald, um das Bismarck-Grab zu besichtigen, ein kurzes, rundliches Bauwerk mit gelben Fensterscheiben, nur einen Katzensprung vom Bahnhof Friedrichsruh entfernt. Im Dorf gingen die Menschen erhobenen Hauptes durch die Straßen und hielten die Arme, als ob sie Waffen trügen. Sie hatten fanatische Gesichter und waren bereit, kurzen Prozeß zu machen.

Das Gewicht, die Konsistenz der Sprache steckten mir noch im Leib. Schwarze Bäume, die in der Dämmerung aus dem satten Gelb des Laubes ragten, ehe sie sich im Dunkel der Nacht auflösten; die Angst, das nahe Haus nicht wiederzufinden; die lauten Stimmen, die vollen, breiten Silben, die aus tiefer Kehle gepreßten Konsonanten, die die Luft unter der Zungenspitze passieren lassen, dies *ach,* dies *krächzen, kratzen, machen.*

Die klingenden Vokale dazwischen füllten den Brustkorb, nun aber hörte man überall *Gebrüll,* Geschrei, Gejohle, Gebelfer, in der Schule und auf der Straße; bei jeder sich bietenden Gelegenheit wurde die Sprache im Befehlston durch das kleine, ansteigende Sträßchen namens Schmiedesberg geplärrt; dem Friseur und dem Kohlenhändler entbot man im Vorbeigehen den *deutschen Gruß,* den Hitlergruß, den der *Führer* als unfehlbares Werkzeug der Unterwerfung eingeführt hatte. Dazu mußte man den Arm heben und *Heil Hitlaaa!* brüllen, das spaltete den Körper, zerriß ihn innerlich, es war ein Todesschrei.

Ich erkannte meine Muttersprache nicht wieder, die so melodiös und geheimnisvoll klang, wenn meine Mutter sang oder mir abends ein Märchen von den Brüdern Grimm oder von Corlshorn vorlas. Aber auch in den Märchen wohnte das Grauen, gleich neben dem Raum der Träume: Da gab es unterirdische Welten voll frischer Luft und Sonnenschein, aus denen man über Treppen in die wirkliche Welt hinaufstieg, Hügel, die ihre Hand ausstreckten, gedeckte Tische aus dem Nirgendwo, aber auch zahllose in den Wäldern ausgesetzte Kinder. Da lernte man das *Gruseln,* diesen besonderen, köstlichen Schrecken, der einem eiskalt den Rücken hinunterläuft. Einmal las mir meine Mutter eine Geschichte vor, die mir im Gedächtnis blieb, aber erst Jahre später, angesichts einer Passage in einem Buch von Henry Miller, verstand ich, warum:

»In einer Stadt, Franecker genannt, gelegen in Westfriesland, da ist es geschehen, daß junge Kinder, fünf- und sechsjährige, Mägdlein und Knaben, miteinander spielten. Und sie ordneten ein Büblein an, das solle der Metzger sein, ein anderes Büblein, das solle Koch sein, und ein drittes Büblein, das solle eine Sau sein. Ein Mägdlein (...) solle Köchin sein, wieder ein anderes, das solle Unterköchin sein, und die Unterköchin solle in einem Geschirrlein das Blut von der Sau empfahen, daß man Würste könne machen.

Der Metzger geriet nun verabredetermaßen an das Büblein, das die Sau sollte sein, riß es nieder und schnitt ihm mit einem Messerlein die Gurgel auf, und die Unterköchin empfing das Blut in ihrem Geschirrlein. Ein Ratsherr, der von ungefähr vorübergeht, sieht dies Elend: er nimmt von Stund an den Metzger mit sich und führt ihn in des Obersten Haus, welcher sogleich den ganzen Rat versammeln ließ. Sie saßen all über diesen Handel und wußten nicht, wie sie ihm tun sollten, denn sie sahen wohl, daß es kindlicherweise geschehen war.

Einer unter ihnen, ein alter weiser Mann, gab den Rat, der oberste Richter solle einen schönen roten Apfel in eine Hand nehmen, in die andere einen rheinischen Gulden, solle das Kind zu sich rufen und beide Hände gleich gegen dasselbe ausstrecken: nehme es den Apfel, so soll' es ledig erkannt werden, nehme es aber den Gulden, so solle man es töten. Dem wird gefolgt, das Kind aber ergreift den Apfel lachend, wird also aller Strafe ledig erkannt.«

Vielleicht ahnte das Kind etwas vom herrlichen Gebrauch eines ausgehöhlten Apfels.

Die meisten Märchen enthielten eine Drohung, etwas Dunkles, Unheimliches, sie waren in einem robusten, treffenden Deutsch geschrieben, von den Rändern des Textes ging etwas Gewaltsames aus, von dem man nicht loskam.

Aber es gab auch die Weihnachtslieder, *Stille Nacht, heilige Nacht,* die Teller mit dem Naschwerk, die Zuckerkringel an den Tannenzweigen und die heimlichen, unsagbaren Enttäuschungen, als könnte man der Sprache nicht mehr alles anvertrauen.

Unter der Sprache der Zuflucht also lebte die andere Sprache fort, die Sprache, die man im Leib hatte und durch die man die ersten Eindrücke empfing, den Kuckucksruf, das Knarren der Karrenradnaben, die Stimmen der Eltern, das Säuseln des Windes, die ersten Lügen und die ersten Verzückungen – die Muttersprache, diese innig geliebte Sprache, hatte alles begleitet.

Doch ich wußte, daß diese Sprache für mich verboten war – vielleicht hatte mir das der Kohlenhändler meines Heimatdorfs gesagt, der mir die Deutschlandkarte, die er allen anderen Kindern nach der Schule schenkte, verweigerte: *Wenn ein Jude deutsch spricht, lügt er.*

Dabei war ich gar keiner, ich war ein typischer weißer Neger, besser gesagt, ich war es nur deshalb, weil meine Großeltern nicht gleich nach ihrer Geburt evangelisch getauft worden waren. So wurde aufgrund der »Nürnberger Gesetze«, die Stammbäume nach der Ahnenanzahl vergaben, eine Religion zur Rasse, und das war nicht nur der Gipfel des Verbrechens, sondern auch der Gipfel der Dummheit. Ich konnte einfach nicht begreifen, daß mir, dem Christenkind, das keine Ahnung hatte von dieser anderen »Identität«, obwohl ich immer schon gewußt hatte, daß es meine war, das Sprechen verboten wurde. Im Grunde war mir seit jeher klar gewesen, daß für jemanden wie mich leben nicht selbstverständlich war, daß es für jemanden wie mich nicht normal war zu existieren, und doch war meine Sprache etwas so Natürliches wie die Luft, die ich atmete, sie gehörte zu mir, ihre Poesie war mir so selbstverständlich wie der Atem meiner Mutter.

Wie diese Sprache sich im Mund anfühlte, das Gleiten der Wörter, der Rhythmus der Sätze bereiteten mir eine körperliche Befriedigung, die mit keiner anderen vergleichbar war. Aus dieser Sprache war der Wesensstoff meiner Seele, und gerade sie wurde mir untersagt, durch sie wurde ich angewiesen, zu verschwinden, ein unnützer Esser, ein zur Vernichtung bestimmter Schmarotzer.

Jeder Vers, jede Zeile, die ich zufällig hörte oder sah, war von da an wie von einem durchsichtigen Film überzogen, der sie von mir trennte; das schlug wie ein Schmerz auf die Brust, wie eine Schande, die man mit niemandem teilen konnte. So blieb man, halb gelähmt, auf der verbotenen Sprache sitzen.

Die Worte waren weg, man konnte nur noch mit den Armen wedeln, sich nicht mehr Gehör verschaffen durch die verstummte Sprache, die man in sich trug, die Sprache der Verdammnis, denn es war ja auch die Sprache der Nazis, die das schützende Frankreich überrannten.

Das Deutsche hatte sich mit der Schande der Besatzung vermischt, und ich konnte meine Scham nicht erklären, weil niemand in meiner Umgebung ein Wort Deutsch sprach, die Besatzer waren ja meine Mitbürger, meine *Volksgenossen,* wie die Nazis das nannten, und das ließ man mich spüren.

Kam ich denn nicht aus Deutschland, aus dem Land Hitlers und der Nazis? Wie sollte ich erklären, daß sie mir trotzdem ans Leben wollten, weil ich in ihren Augen der schlimmere Feind war als das besetzte Frankreich, für das sie immerhin eine Art Achtung hegten, ich und meinesgleichen dagegen waren für sie nur Abfall, *lebensunwertes Leben.* Die Worte ließen mich im Stich, das Kippen der Wirklichkeit entzog sich der Sprache – ich war, was ich nicht war, ein Deutscher, der kein Deutscher mehr war, so lautete der Beschluß, ein falscher Jude und echt Geächteter, ein Feind, der unter die Zuständigkeit der jeweils anderen Seite fiel –, woher hätte ich an die Sprache glauben können?

So war man durch historische Zufälle von Anfang an einer unbeweisbaren Identität ausgeliefert: Ich bin nicht, was ihr sagt, und ihr sagt nicht, was ich bin. Was ich bin, ist wortlos. Als ob man von der Geschichte an die Wand gedrängt werden sollte, denn niemand ist, was man ihn zu sein zwingt, jeder ist unfaßbar und undefinierbar im Licht seiner selbst, in seiner ganzen eigenen Selbstverständlichkeit. Jeder ist einzigartig und unersetzlich, und zwar um so mehr, je stärker er von Anfang an auf eine Definition festgelegt ist.

Die Bilder, die ich in französischen Zeitschriften sah, führten mir die Schuld der Zugehörigkeit stets aufs neue vor Augen: Auch die Verkehrsschilder für die Wehrmacht in Frankreich waren in jenem mörderisch-bürokratischen Jargon verfaßt, der die deutsche Sprache ersetzt hatte, einem Jargon, der aus lauter zusammengesetzten Wörtern bestand, *Jungvolk* für die Mitglieder der Hitlerjugend, *Kinderlandverschickung* für Ferien auf dem Land, *Jugendbewegung* und vielen anderen Wortungeheuern gleicher Machart. Es war eine Sprache, die einem vor Angst den

Rücken krümmte, wenn man sie nur hörte, eine kriminelle Sprache, die das Deutsche durch und durch vergiftete. Selbst in der Schule war die künstliche, eisige Sprache der Nazis Pflicht, da war nur noch von *Fahneneid* die Rede und von der *Volksgemeinschaft,* aus der ich ausgeschlossen war, ohne zu begreifen, warum.

Auch ich hatte *Die Fahne hoch* gesungen, ein Nazilied, das dir das Blut in den Adern gefrieren ließ, vielleicht auch *Morgenrot, Morgenrot, leuchtest mir zum frühen Tod,* der Tod war ins Innerste des Deutschen eingeschrieben worden, er war überall und ließ alles versteinern. *»Der Tod ist ein Meister aus Deutschland«,* schrieb später Paul Celan. An die Schande der deutschen Schilder an Pariser Denkmälern heftete sich die Scham, in derselben Sprache ich zu sein.

Ende 1943 wurden in Savoyen anläßlich der Besetzung der freien Zone die italienischen Okkupanten durch deutsche ersetzt. Den Italienern war die Herkunft der Menschen, besonders der Kinder in den Internaten, vollkommen egal gewesen. Aber die Ankunft der Deutschen verbreitete allenthalben Furcht und Schrecken.

Die plötzliche Offenbarung jenes unergründlichen und sogleich als unaussprechlich erkannten »Gefühls« fiel also mit dem abrupten Einbruch der Angst vor dem Hintergrund früherer Befürchtungen zusammen. Jeder wußte, was passieren würde, und ich entdeckte den Rausch des Seins, während ganz in der Nähe der Terror herrschte. Es war die schlimmste Zeit der Besatzung, die deutschen Nazis hatten sich in dem Dorf, durch das die Italiener immer nur durchgezogen waren, einquartiert, und die Verhaftungen nahmen zu.

Dank den französischen Gendarmen und der Internatsleiterin konnte ich wunderbarerweise entkommen, als die Deutschen im November meinen großen Bruder und mich abholen wollten – da war ich fünfzehn. Man brachte mich auf einem weit entfernten Bauernhof im Gebirge in Sicherheit. Die Literatur kam mir zu Hilfe – in Gestalt erbaulicher Erzählungen in den Schriften der örtlichen Kirchengemeinde und frommen Heften jener Zeit. Sie enthielten immer Geschichten über Jugendliche, die, nackt an eine Säule inmitten einer Arena gefesselt, ausgepeitscht wurden und in seligem Entzücken Gott ihr Martyrium darboten. Ich blieb dort bis September 1944, und die Glocken, die später die Befreiung einläuten sollten, hatten für mich den freundlichen Klang der französischen Sprache, die ich in mir trug und die von da an noch mehr mit der Idee des Widerstands und der Freiheit verbunden war.

Trauer und Schatten verhüllten die deutsche Sprache, und nichts würde den Schleier mehr lichten. Sie war nun mit dem absoluten Verbrechen verknüpft. Die sepiafarbenen Bilder von den bis zum Skelett abgemagerten Deportierten auf ihren Bettgestellen, die ab 1945 in französischen Dörfern plakatiert wurden, zeugten vom Untergang der Welt. Obwohl nichts darauf stand, meinte ich meine Muttersprache herauslesen zu können. Nach und nach wurden die Ausmaße eines unerhörten, unermeßlichen, nie wiedergutzumachenden Verbrechens offenbar, immer begleitet von wohlbekannten Wörtern wie *Volk, Leben, Siedlung, Wert* usw., die ich selbst gebraucht hatte. Jeder Teil der zusammengesetzten Wörter, mit deren Hilfe der Völkermord organisiert und durchgeführt wurde, war mir vertraut.

All diese Begriffe kamen aus dem Wesen der Sprache, waren aber abgeleitet und *entstellt*. Das Verbrechen würde von nun an wie ein unauslöschlicher Vorwurf im Hintergrund bestehenbleiben, vor jedem Wagnis des Schreibens würde sich wortlos, konturenlos dieser Abgrund auftun, in dem die deutsche Sprache untergegangen war. Und doch war sie in mir, gehütet, geliebt, gebrauchsbereit. Fünf Jahre lang hatte ich sie nicht benutzt, kein einziges Mal, nie war mir ein deutsches Wort über die Lippen gekommen. Wenn die Direktorin des Internats nach dem Sender von Radio London suchte, um die Botschaften General de Gaulles (von dem ich wußte:

das ist Frankreich) an die Résistance zu hören, ertönten manchmal deutsche Stimmen, das feindselige, schneidende, bösartige, grelle, von Haß und Niedertracht durchtränkte Geplärr der Diener und Getreuen von Tyrannei und Tod.

Umsonst bemühte ich mich, das Singende der Sprache meiner Kindheit wiederzufinden: Die Stimmen alter Damen mit Samthalsband, die die Silben voneinander trennten und den Klang strömen ließen, ohne zu pressen, was dem Deutschen eine besondere, sämige Süße gab. Dieses Deutsch ohne kehlige, rauhe, krächzende Töne, mit Worten voll Kraft und Geschmeidigkeit, dieses letztlich freie Deutsch hatte sein Bürgerrecht verloren, es war vom Nazisprech der LTI *(lingua tertii imperii),* der Sprache des Dritten Reichs, vernichtet worden.

Die deutsche Sprache war einst aus Luthers Bibelübersetzung von 1535 hervorgegangen. Luther hatte ein saftiges, klangvolles, anschauliches und bildhaftes Idiom geschaffen, eine unvergleichliche Mischung aus Sanftheit und Stärke. Er hatte sich aus diversen regionalen Dialekten eine Sprache nach seinen Bedürfnissen zurechtgezimmert, was sie treffend und kraftvoll machte. Aber die Hitlerianer bastelten daraus gegen den Strich ihre kriminellen Wortkonstrukte und machten die Sprache zum Instrument der Vernichtung.

Das Auffallendste am Deutschen ist ja die Möglichkeit der Zusammensetzung, durch die man Ausdrücke beliebig miteinander verknüpfen kann und so jedem leichten Zugriff auf alles gewährt. So war alles mögliche bis hin zu den skurrilsten Ideen und Assoziationen in der Sprache meiner Kindheit sagbar und vollkommen durchschaubar, aus schlichten und unmittelbar verständlichen Elementen kombiniert, fast gefährlich leicht zu erkennen: Ein *Vorhängeschloß* (frz.: cadenas) ist ein Schloß, das man vorhängt, ein *Vorstandsvorsitzender* (frz.: président) sitzt vor Menschen, die vor etwas stehen, die *Bauchspeicheldrüse* (frz.: pancréas) ist eine Drüse, die im Bauch speichelt. Auf diese Weise konnte man sich in einen wahren Kombinationsrausch hineinsteigern und sich im Besitz eines Geheimwissens wähnen, bevor alles im Grauen unterging.

Da man im Herbst 1945 beschlossen hatte, mich im Juni 1946 durch den ersten Teil des Abiturs zu bringen, das damals aus zwei aufeinanderfolgenden Prüfungen bestand, wurde extra für mich eine Deutschlehrerin ans Internat geholt, eine Emigrantin, die auch in ständiger Angst gelebt hatte, aber irgendwie sämtlichen Razzien und Nachforschungen entgangen war.

Sie kam über den steilen Weg vom Dorf herauf. Ich beobachtete von oben den langsamen Aufstieg des roten Mantels, der sich wie ein rotes Dreieck weithin sichtbar vom Grün der weitgeschwungenen Hänge abhob und manchmal auf halber Strecke anhielt.

Sie brachte deutsche Texte mit, die ich für die Prüfung übersetzen sollte. Diese kompakten Textblöcke ohne Absätze, die sich von oben nach unten über die ganze eng mit Schreibmaschine beschriebene Seite zogen und aus großen Gruppen gedrängter Wörter bestanden – manche so lang, daß nur drei davon in eine Zeile paßten –, machten mich völlig hilflos. In diesen engen, dichtgefügten Zeilen konnte sich der Blick nicht frei bewegen, es war kaum möglich, über die schmalen weißen Stege, die sich zwischen den Wörtern nach unten wanden, zum Seitenende zu gelangen. Das undurchdringliche Gerüst dieser Texte sperrte den Geist ein und setzte ihn gefangen.

Ich wagte kaum die Augen auf diese von Großbuchstaben und harten Konsonanten gesträubten Wortpakete zu richten, ich hatte seit meinem elften Lebensjahr kein Deutsch mehr gelesen und war mir sicher, nichts davon zu verstehen. Milch oder Kartoffeln vom Bauernhof zu holen hätte mir mehr gebracht als die Konfrontation mit diesen uneinnehmbaren Wortfestungen. Ich sehnte mich nach draußen, aber auch davon schnitten die Deutschstunden mich ab. So begann ich trotz meines Alters vor Verzweiflung zu weinen.

Bei unserer Abreise 1938 hatten meine Eltern meinem Bruder und mir leicht lesbare Bücher in die Koffer gepackt: eine Lebensgeschichte Johann Hinrich Wicherns, der in der ersten Hälfte des 19. Jahrhunderts das erste Erziehungsheim ohne körperliche Züchtigung in Hamburg gegründet hatte, und unter anderem ein mit wunderbaren Fotografien illustriertes Buch über die Natur. Doch schon damit hatte ich Mühe, ich konnte mich nur schwer auf die langen Sätze konzentrieren und verlor sehr schnell den Faden, es forderte eine gewisse Aufmerksamkeit und langweilte mich bald.

Ich solle es doch wenigstens versuchen und den Anfang vorlesen, bat mich die Dame, dann würden wir weitersehen. Zu meiner großen Überraschung begriff ich schnell, daß all diese elend langen Wörter nur Aneinanderreihungen kurzer Wörter waren, eins geläufiger als das andere, kein einziges war mir unbekannt. Auf einen Blick sah ich die Nahtstellen der zusammengesetzten Wörter und auch, daß all die bärtigen, gravitätischen Gestalten in ihrer germanischen Gewichtigkeit, die, wie man mir erklärte, bedeutende Professoren seien, »Autoritäten« oder große »Denker«, dieselben einfachen Wörter benutzten wie ich und alle anderen auch. Sie machten daraus nur mehr oder weniger große Pakete, während im Französischen alles getrennt bleibt, *Weltvervollkommnung* zum Beispiel, eine sehr deutsche Idee, die nicht viel besagt, aber große Tiefe vortäuscht.

Diese imposanten Persönlichkeiten trugen Namen wie Friedrich Gundolf oder Wilhelm Korff oder, noch schlimmer, Rudolf Borchardt. Sie hatten ihre Texte lange bebrütet, beackert und ausgefeilt, um den Eindruck zu erwecken, daß sie gemeinen Sterblichen unerreichbare Tiefen enthielten; außerdem erschwerten die verschlungenen, nicht enden wollenden Sätze den Zugang, sie waren dafür bestimmt, nicht gleich verstanden zu werden.

Aber ein bißchen schmeichelte es mir doch, wenn ich beim Übersetzen dieser Texte, die für den schwierigsten Wettbewerb Frankreichs, die Eignungsprüfung zum Gymnasiallehrer (Agrégation), vorgesehen waren, feststellte, daß sie nur scheinbar kompliziert waren, tatsächlich aber ausnahmslos schlichte, harmlose Gedanken enthielten.

Ich fand es einfach lächerlich, dieses geschrumpfte, aufgeblasene Deutsch, das mir da präsentiert wurde. Es schöpfte sämtliche Möglichkeiten der Grammatik aus, um die Sätze in die Länge zu ziehen. Alles wurde verzögert und verschleppt, schließlich verworren und undurchschaubar, was beim Leser Distanz und Respekt hervorrief.

Es war zwar überhaupt nicht meine Sprache, aber die Übertragung dieser dicken Packen von geringem Gehalt bereitete mir nicht die mindeste Schwierigkeit. Was Herbert Cysarz oder Ernst Bertram, Hans Carossa oder auch Ernst Jünger schrieben, war sinnleeres, holpriges Stückwerk, das klang gespreizt, geschraubt und geschwollen, steinern und hohl bei den einen, klebrig-süßlich bei den andern. Es wunderte mich überhaupt nicht, als ich später erfuhr, daß sie begeisterte Nazis waren; meine Deutschlehrerin wußte damals genausowenig wie ich, aber sie hätte es erraten können aus dem abgehackten, wütenden Getöse dieser von Kopf bis Fuß waffenklirrenden Sprache, die keine Gnade kannte und einem mit jeder Zeile, ohne es auszusprechen, einhämmerte: *Am deutschen Wesen soll die Welt genesen.*

Dieses prätentiöse, ausstaffierte Schriftdeutsch ohne Rhythmus wurde von niemandem gesprochen. Es hatte nichts gemein mit der Sprache, die ich liebte und zu Hause oder von meinen Mitschülern gehört hatte.

Besonders meine Eltern, die im 19. Jahrhundert zur Welt gekommen und zu Beginn des 20. bereits erwachsen waren, sprachen ein charmantes, bildmächtiges Deutsch voll anschaulicher Begriffe, ein Alltagsdeutsch, das die Dinge beim Namen nannte.

Für mich war es mit dem Deutschen vorbei, als ich elf war. Doch das reichte völlig aus, jedes Kind dieses Alters beherrscht das gesamte linguistische Feld mit Ausnahme der Fremdwörter, weil sich der komplexe Wortschatz des Deutschen aus lauter einfachen Elementen zusammensetzt und alles von Anfang an verständlich ist: *Wasserstoff* ist der Stoff, aus dem das Wasser ist, *Sauerstoff* ist sauer und *Stickstoff* erstickend, doch wie soll man *hydrogène, oxygène* und *azote* deuten? Die gleichzeitige Überdeutlichkeit und Undurchdringlichkeit des Deutschen war für mich als Kind sehr überraschend.

So hatte ich einmal zufällig das wie viele deutsche Komposita schlichte und scheußliche Wort *Mutterkuchen* (frz.: placenta) aufgeschnappt und es für die Bezeichnung des Kuchens gehalten, den meine Mutter sonntags manchmal buk. *»Der Hitler – in vierzehn Tagen hat der abgewirtschaftet«,* hörte ich 1933, mit fünf, meinen Vater sagen, der mit der Serviette um den Hals vor dem aufgeschlagenen *Hamburger Fremdenblatt* saß. Seine Worte prägten sich mir ins Gedächtnis ein, nicht zuletzt, weil mein Vater sonst wenig Sinn für Politik zeigte. Also war Hitler für mich ein Wirt, der sein Gasthaus schließen, seine *Wirtschaft* aufgeben müßte; daß Wirtschaft noch eine andere, ökonomische Bedeutung hatte und *abwirtschaften* eigentlich Konkurs anmelden hieß (frz.: déposer le bilan), wußte ich damals noch nicht. So entsteht aus Einfachem Kompliziertes.

Doch bald begriff ich, worum es ging, und wurde von einem Entsetzen überwältigt, das leider das war, was blieb. Je mehr ich von der Shoah und der Auslöschung erfuhr, desto tiefer wurde dieses grundsätzliche Mißverständnis. Es bedurfte der französischen Sprache als Mittlerin, um die zerrissene Beziehung zur Muttersprache, die mit einer unheilbaren Wunde geschlagen war, vorsichtig wieder anzuknüpfen. Der Weg durchs Französische war nötig, um den Versuch zu wagen, den namenlosen Punkt des »Selbst« einzukreisen, ihn schließlich im Fluß des Verschiedenen zu bestimmen und vor den Wörtern und dank diesen wiederzufinden; der Weg durchs Französische war nötig, um etwas Ähnliches wie die Begegnung mit Pascal, Rousseau und später Descartes auch in der deutschen Sprache zu erleben. Und das geschah durch Franz Kafka.

II

Die Sprache der Entdeckung

An jenem Oktobertag 1943 war es, als hätten die *Gedanken* Pascals dem Ausdruck verliehen, wofür es keine geeigneten Worte gab – dem unvermittelten Sturz in den leeren Abgrund eines Selbst ohne Namen –, als wäre dies Namenlose in den Worten erschienen, diese schweigende Präsenz, die doch den Worten stets vorausgeht und sie zeugt, ohne daß sie ihr je entsprechen könnten. Die kurzen Passagen, Gedanken, Maximen standen für sich, man konnte sie mit einem einzigen Blick erfassen, ohne ihnen über die ganze Länge der Seite folgen zu müssen, und sie versetzten mich später jedesmal wieder in die Sprachlosigkeit jenes Oktobertags 1943 zurück, an dem sich eine Falltür ins Nichts auftat, das der Grund jedes Denkens ist, eine leere, unwiderlegbare Gewißheit. Deshalb las ich alles, was ich in den *Ausgewählten Stücken* finden konnte. Meine Unbeständigkeit und mangelnde Konzentration verhinderten längeres Lesen, wodurch die Dinge mittels Selbstanreicherung allmählich Gestalt annehmen und ihren Platz finden können. Ich brauchte das Überraschende, die Erschütterung, Blitzschlag und Taumel.

Meist siegte die Landschaft, das Draußen, über die Leselust; wenn man über das unermeßliche Tal sah, konnte man mit einem Blick sämtliche Gipfel umschließen, das ganze Dorf inmitten einer Kette ineinandergeschobener Hänge bis hin zu deren Abschluß durch einen in weiter Ferne blauenden Horizont. Dieser Weite war kein Satz gewachsen, genausowenig wie dem Gefühl.

Ich durchlebte damals eine verspätete, bis zur äußersten Grenze hinausgezögerte Kindheit, in die ich mich lustvoll stürzte. Qua Geburt ohne Lebens- und Daseinsrecht, stieß ich sofort auf das Unerklärliche: Man wollte meinen Tod, weil ich etwas war, das ich nicht kannte, von dem ich nichts wußte oder ahnte, doch diese Verfehlung, die ich nicht begangen hatte, vermischte sich *ohne mein Wissen* mit mir.

Ich war schuld an meiner Unschuld, an diesem Tatbestand einer Schuld ohne *Schuldhaftigkeit.* Ich hatte niemandem etwas getan und war dennoch schuldig. Dagegen konnte man sich nur die Faust in den Mund stecken oder seine Verzweiflung hinausbrüllen, sonst erstickte man daran. Die ganze Kindheit war nichts als Schreien, Wüten, Zerrissenheit und Überstürzung. Diese unsägliche Schmach, wissentlich von den Erwachsenen auferlegt, führte zu einer ausweglosen Situation, in der ich noch nicht ahnte, daß sie zu einer unerschütterlichen Unabhängigkeit führen konnte: Ich bin, euch zum Trotz. Das entdeckte ich an jenem Oktobertag des Jahres 1943.

Zum alltäglichen Ungemach und den Strafen im Internat kamen die Furcht und die Unfähigkeit, sich Gehör zu verschaffen. Es ging darum, den Moment der Kristallisation der menschlichen Sprache zu erfassen, der sich nur in jener stummen Erschütterung zeigt, im Schock, den man »ohne sonstigen Führer noch Licht« auf Anhieb erkennt, *d'emblée,* wie das Französische sagt, anders, aber noch hübscher als das schweizerdeutsche *abbloch*.

Der erste Blitzschlag, ohne Vorwarnung, ohne Vorzeichen, ist auf der Stelle unübersetzbare Gewißheit. Daran erkennt man ihn, an dieser sprachlosen Unübersetzbarkeit, vielleicht ist er der Ausgangspunkt der Sprachen, die in ihrem Innersten stumm sind. Das Kind und der Angeklagte wissen das besser als jeder andere, weil sie sich nicht Gehör verschaffen können. Zu sein, was man ist und nicht ist, zu wissen, daß die eigene Existenz ein Vergehen ist, eine Zuwiderhandlung, ein betrügerischer Verstoß gegen die rechtmäßig eingerichtete Rechtsprechung, die vermittels schlagender Argumente darüber befindet, wer leben darf und wer nicht, das macht in der Tat geneigt, Worten nicht aufs Wort zu glauben.

Außerdem schien alles diese Sprachlosigkeit zu bestätigen, die sich erst später als grundlegend für alle weiteren Entdeckungen erweisen sollte. Jede Behauptung wurde sofort widerlegt und verworfen. Man hatte mich oft beim Lügen erwischt, also wurde mir nie geglaubt, um so weniger, wenn ich die Wahrheit sagte, da konnte ich nur noch um mich schlagen, mit allem um mich werfen, was mir in die Finger kam, und wurde dann dafür bestraft, was mich – ich war damals immerhin schon sechzehn – erst recht sprachlos machte.

Es ist das bestrafte Kind, das quasi das Sprechen begründet. Der Scham ausgeliefert, erlebt es das Wegbrechen der Sprache, vermag dieser Leere jedoch keinen Ausdruck zu geben. Es fühlt sie, versteht sie aber nicht, und um ihr Wesen zu ergründen, fehlen ihm die Worte. Es ist zum Stummsein verurteilt, wird sich dessen aber nicht bewußt. Es weiß ganz genau und kann es dennoch nicht sagen, und wenn es sich nach und nach auch ein wenig beruhigt, bleibt die Verzweiflung, daß ihm nicht geglaubt wird.

Je öfter man wegen alltäglicher kleiner Mißgeschicke zu Unrecht bestraft wird, desto lebendiger wird, was man fühlt. Man kann es immer besser spüren und umreißen, ohne auch nur daran zu denken, es zu benennen.

Was da immer klarer und deutlicher in ihm ist, veranlaßt das Kind, sich mit dem Schuldigen vor Gericht zu vergleichen, erstickt von diesem stummen Block auf der Brust, der es unmöglich macht, sich zu erklären.

Und während man auf ein befreiendes Wort wartet, ist schon alles vorhanden, was dem Buch und dem Zufall ihren ganzen Sinn verleiht. Man muß nur über das richtige Zeichen stolpern, das den ersten Schock bestätigt. Für mich war es das zu der Zeit bekannteste Buch Hector Malots, *Sans famille,* es zündete gleichsam den pascalschen Funken: Was ich bei Pascal las, legte ich in den kleinen Rémi, als wäre dieses unglückliche, verlassene Kind vom Blitzschlag der *Gedanken* durchdrungen, als wäre es deren Darstellung, ja Verkörperung.

Die Entdeckung des Waisenkindes war ein so elementarer Moment wie das plötzliche Auftauchen des Selbst. Man hatte auf mich gezeigt und gesagt: »Das ist eine Waise«, und wenn ich den Sinn dieses Wortes auch noch nicht kannte, fühlte ich doch, daß es mich einzwängte, daß es meine Arme wie mit Binden am Körper festband und mich einschloß. Dabei ist dem der Einsamkeit geweihten Waisenkind auch der Rückgriff auf die Gründergeste seiner selbst gegeben. Da man von mir sprach und ich der einzige war, der keine Familie mehr hatte, erriet ich, was das Wort bedeutete, und erkannte es im ersten Satz dieses verblüffenden Buches wieder: *»Ich bin ein Findling«* – eine Art Kind-Ding also, von allen Bindungen abgeschnitten, das irgendwo aufgelesen wird. Das war unerhört und erschreckend. Ich las das Buch in ein paar Stunden und vergoß dabei Ströme von Tränen; sechzig Jahre später habe ich keine Zeile davon vergessen.

Bücher waren fast die einzige Zerstreuung im Internat (Spiele, Karten usw. hatten den Krieg nicht überlebt). Ich war ein wenig zum Dienstboten geworden und verbrachte die meiste Zeit damit, durchs Gebirge zu streifen, um Milch und Kartoffeln fürs Internat zu besorgen. Außerdem wurde die Lektüre »streng überwacht«. Die Zeitung im Dorf zu kaufen war verboten – ich hätte auch gar nicht gewußt, wovon –, und wenn unter der Matratze eines Jungen etwas Gedrucktes gefunden wurde, mußte der Ertappte mit einer »exemplarischen« öffentlichen Bestrafung rechnen, das war in einem gutgeführten Internat damals so üblich.

Mitunter erkannte man sich in einer erfundenen Figur selbst wieder, man kippte gleichsam in sie hinein, fühlte durch die Worte und Bilder eines andern mit ihr, was man selbst empfand. Von diesem Moment an ließ mich die Literatur nicht mehr los. Ich suchte darin, was ich bei Pascal gefunden hatte, als trügen die literarischen Gestalten die anfängliche Erschütterung in sich. Diese leere Empfindung konnte in der Figur des Waisenkindes liegen, das ohne andere Zuflucht als sich selbst nirgends *Legitimität* findet. Es hat keine Verbindung, nichts fließt zu ihm hin oder von ihm weg. Ohne Familie sein heißt abgeschieden sein, sich in nichts und niemandem wiedererkennen außer in jenem anderen Waisenkind, in das man für ein paar Augenblicke seine eigene Verwirrung hineinlegen kann, das Gefühl, überflüssig, unpassend, deplaziert zu sein, aber dennoch vom Leben berauscht. Darin ist ein wenig vom beständigen und unfaßbaren Gleiten des Selbst.

Das Lesen selbst wurde zu einer unstillbaren, unerfüllbaren Sucht, mit der man nie fertig wurde. Da und dort fand man Ähnlichkeiten, etwa in den von La Bruyère in seinen *Charakteren* gezeichneten Porträts, einer damals erlaubten Lektüre. Die Figuren waren so vollkommen beschrieben, daß sie dadurch nur noch unverrückbarer wurden. La Bruyère sagte alles, und das mit solcher Kraft, daß man in die Charaktere hineinschlüpfen konnte und erahnen, wie es war, zerstreut zu sein wie Menalque oder so stolz auf sein eigenes Bild wie Theodekt, doch man begriff nur, was einem entglitt wie die Enden eines Schals, wie Spiegelungen. Je genauer die Beschreibung, desto weniger sagte sie aus. Je mehr ich las, desto mehr sah ich die Vergeblichkeit des Wunsches ein, sich mit Worten zu rechtfertigen, desto mehr erwartete ich aber auch von ihnen.

Bei den Vorbereitungen für das Abitur 1946 mußte ich Schularbeiten in Deutsch, aber auch in Latein abliefern, die mir so brennende Strafen einbrachten, daß ich nur noch im Stehen üben konnte, aber ich durfte auch Rousseaus *Bekenntnisse* lesen, weil sie auf dem Lehrplan standen. Ich habe an anderer Stelle bereits erzählt, wie die Lektüre des ersten Buchs mir buchstäblich den Atem raubte und mich in einen Zustand der Erregung versetzte, für den mir die Internatsleiterin (der ich mein Leben verdanke, was ich ihr nie vergessen werde) erst einen Verweis erteilte und mich dann in Übereinstimmung mit dem Gelesenen züchtigte.

Es war eine noch erstaunlichere Entdeckung als Pascal, ein Donnerschlag, eine Verblüffung, eine Zentrierung, als würde die Entdeckung vom Oktober 1943 verdoppelt, vervielfacht, erhöht durch das Buch eines anderen, der 150 Jahre früher die Worte gefunden hatte, um der Fremdheit und der *Verwirrung* Ausdruck zu geben.

Rousseau hatte das Intimste und Uneingestehbarste formuliert: die Wollust der Strafe, diese unbegreifliche Umkehrung der Zeichen, die mich seit meinem sechzehnten Lebensjahr so irritiert und verwundert hatte. Wie kam es, daß die schmählichste aller Strafen nachträglich einer Selbstfindung Raum gab, einer solchen Lust in tiefster Wonne, weit entfernt von jeder möglichen Erklärung? Niemand hatte je etwas Ähnliches ausgedrückt.

Daß der heiße Schmerz der Züchtigung, das Brennen der Rute, die verzehrende Schmach zu Freude wurden, zu Genuß, daran war nichts zu verstehen, auch wenn man seither noch besser wußte, daß Worte das Unerklärliche verdecken, das Unerklärliche sind. Eine so sonderbare, sündige Lust, die sich der Strafe rühmt und jede gesellschaftliche Ordnung zerstört, muß Schuld und Unabhängigkeit gleichermaßen fördern.

Das Uneingestehbare und die Lüge, ohne die man die Schande nicht überlebt hätte, ließen einen schon vor jeder Leseerfahrung diffus erahnen, daß man dem, was die Sprache über einen sagte, ebensogut entgehen könnte. Ich traute meinen Augen nicht angesichts der Worte Rousseaus: *»Und was das wunderlichste ist, diese Strafe steigerte sogar meine Zuneigung zu der, die sie mir verabreicht hatte ... denn ich hatte in dem Schmerz und sogar in der Scham eine Art Wollust empfunden, die mehr Lust als Furcht in mir zurückgelassen hatte,* *sie noch einmal, von derselben Hand bewirkt, zu verspüren«*, denen er später hinzufügt: *»Wer möchte glauben, daß diese im achten Lebensjahre von der Hand eines dreißigjährigen Mädchens empfangene Kinderstrafe für den ganzen Rest meines Lebens meine Neigungen, meine Begierden, meine Leidenschaften bestimmt hat, und zwar in einem genau entgegengesetzten Sinne als dem, der sich natürlicherweise daraus hätte entwickeln müssen?«*

So weit geht die Verwirrung der Sprache, aber bei dem offenbar frühreifen Rousseau ist diese Verwirrung eine glückselige, er hatte es nicht nötig, sich auf der Straße nach möglichen Verfolgern umzudrehen, kein Fluch lag auf ihm seit jeher, seine Existenz war nicht verboten und seine Lebensweise nicht von Anfang an durch die Tonlage einer jüdischen Existenz bestimmt.

Meine war es um so mehr, als sie gar nicht jüdisch war, meine ganze deutsche Kindheit war geprägt und durchdrungen vom Christentum und den Evangelien – so daß später auf diesem Wege, durch die wunderbare französische Sprache in ihrem Prunk und Glanz, vor allem durch Rousseau und Pascal, eine Verknüpfung zwischen »Schuld« und »Existenz« entstehen konnte. *»Diese Familie oder dieses Volk ist das älteste, das es seit Menschengedenken gibt, was ihm allem Anschein nach eine besondere Verehrung einträgt«*, schreibt Pascal in den *Gedanken*, oder: *»Dieses Volk ist nicht nur* *auf Grund seines hohen Alters beachtenswert, sondern es ist auch einzigartig durch sein langes Leben, das sich von seinem Ursprung bis heute immer ununterbrochen erhalten hat.«* Oder, unter Dutzenden ähnlichen Stellen: *»Das Gesetz, von dem dieses Volk sich regieren läßt, ist das älteste Gesetz der Welt und zugleich das vollkommenste und das einzige, das stets und ohne Unterbrechung in einem Staat befolgt worden ist.«* Das Gesetz gelte für alle Völker, wiederholt Pascal mehr als vierzigmal, es sei von jenem Volk nur bezeugt.

Und im Namen dieses in mich eingeschriebenen Gesetzes wollte man mich umbringen, auch wenn ich tausendmal der Religion nicht angehörte, blieb ich doch dieser Herkunft verhaftet. Ich war schuldig, auf der Welt zu sein, schuldig an diesem seltsamen, verwirrenden Begehren. Von tadelnswerter Abstammung, wurde ich für ein Vergehen bestraft und verging mich an der Bestrafung: Das Begehren hob die Strafe auf – verkehrte Welt. Es war *il mundo alla riversata*.

So tastete ich mich von Dementi zu Bestätigung an den Wänden eines Brunnens entlang, die von neuer Lektüre und neuen Mißgeschicken immer glatter wurden, während der Grund in gleichem Maße zurückwich. Dieses leere Gefühl zeigte sich Tag für Tag genauso wie im ersten Moment. Daß andere Jahrhunderte früher von dem sprechen konnten, was man mit siebzehn empfand, war eine großartige Entdeckung.

Obwohl die *Bekenntnisse* auf dem Lehrplan standen, waren einige Seiten des dritten Buchs mit Stecknadeln zusammengeheftet und mit einem ausdrücklichen Leseverbot belegt; daraus soll hier zitiert werden: *»Ich hatte das Fortschreiten der Jahre empfunden, meine unruhige Sinnlichkeit hatte sich schließlich offenbart, und ihr erster, völlig unfreiwilliger Ausbruch versetzte mich, was meine Gesundheit anbetraf, in eine Angst, die besser als irgend etwas anderes von der Unschuld zeugt, in der ich bis dahin gelebt hatte. Nachdem ich mich schnell beruhigt, erlernte ich jenes gefährliches Ersatzmittel, das die Natur betrügt und junge Männer meiner Art... vor gar vielen Verwirrungen bewahrt. Dieses Laster, das Scham und Schüchternheit so bequem finden, hat überdies noch einen großen Reiz für alle lebhaften Phantasien.«*

Als herauskam, daß ich das gelesen hatte, weil die Löcher um die Nadeln weiter geworden waren, wurde ich hart bestraft und berauschte mich einmal mehr am Schmerz, an der Demütigung und an der Schande, und meine lebhafte Phantasie brachte mich in der Tat bald dazu, mich an meiner Verworfenheit zu weiden. »Angesichts all dessen, was man für Sie getan hat«, hatte ich bei anderen Anlässen zu hören bekommen (ungeachtet der Bestrafung wurden wir gesiezt), »verdienen Sie es gar nicht zu überleben.

Junge Widerstandskämpfer sind tot, und Sie, Sie sind immer noch da.« Das hieß wirklich im wortleeren Raum zu leben, der Sprache zum Trotz, und doch, wie schön waren die Berge!

Das gelegentliche Gefühl, ein nutzloser Esser zu sein, überflüssig und im Weg, verknüpfte sich mit dem plötzlichen Bewußtsein des Lasters. Ich war unerziehbar, das bekam ich oft genug auf blanker Haut zu spüren, und ich ergab mich weder noch bekam ich es satt, ich beharrte verstockt auf meinem Dasein: Ihr bestraft mich dafür, also bin ich, was euch entgeht.

Ins Zimmer eingesperrt, in dem das aufgeschlagene Buch noch auf dem Tisch liegt, kann man vor Scham und Verzweiflung weinen, und wenn man sich schließlich beruhigt hat und der Schmerz der Züchtigung nachläßt, blättert man wieder in diesem Buch, um sich zu sammeln, und stößt auf derselben Seite auf denselben Gedanken, der nun, nach der Strafe, noch schärfer ist und noch ungebührlicher. Dann blättert man weiter und findet in einer langen Erörterung über die menschliche Existenz eine Stelle, die extra für einen geschrieben zu sein scheint: *»Es muß eine merkwürdige Verkehrung in der Natur des Menschen sein, daß er sich dieses Zustands rühmt, von dem man kaum glauben mag, daß eine einzige Person darin sein kann.«*

Es stimmt, daß ich mich der Schande rühmte und dabei mir zuschrieb, was mir nicht zukam, daß ich mich an diesem Zustand, *»von dem man kaum glauben mag, daß eine einzige Person darin sein kann«*, erregte. Unter der Rute meiner Züchtigerin raubten mir Schmerz und Entzücken den Atem.

Mit fast achtzehn Jahren nackt auf einen Schemel gebunden und schmachvoll bestraft für die oft begangene Sünde, für diese Geste, dieses besonders verwerfliche »Laster«, das zu meiner falschen Geburt, zum nichtswürdigen Leben einer überzähligen Waise hinzukam, war ich stolz darauf, nicht nachzugeben. Ich ergötzte mich an dieser Verkehrung, an diesem Zustand sklavischer Unterwerfung und Erniedrigung, in der Küche wie auf dem Speicher jedem Willen ergeben, der mich wollte.

So lehrten die Umstände eine fast geographische Zentrierung, auf die sie stets zurückverwiesen; die Scham spielte geradezu eine Gründerrolle. Sie war etwas Vertrautes, Intimes, das sich um den Körper schmiegte und ihn mit einem sichtbaren Panzer umgab, da sie stets öffentlich war.

Der Gram behexte mich. Im Wald zu weinen machte mich besonders interessant, aber ich verabscheute meine Komödie auch, weil ich mich von meinem eigenen Spiel einfangen ließ: Ich war besessen vom Martyrium, aber natürlich vom unblutigen Martyrium, dem köstlichsten Martyrium von allen, das nur rote Striemen auf nackter Haut hinterließ.

Unter den *Ausgesuchten Stücken* war auch ein Auszug aus Alfred de Vignys *Chatterton,* der mir sehr entgegenkam: *»Du letzte Stunde meines Lebens, Morgendämmerung des ewigen Tages, sei gegrüßt! Lebt wohl, Demütigung, Haß, Sarkasmus, erniedrigende Arbeit, Sorgen, Ängste, Elend, Herzensqualen, lebt wohl. Oh, welches Glück, ich sage euch Lebewohl.«* Doch anders als er wollte ich gar nicht sterben, im Gegenteil, ich wollte niederknien vor dem Wunder des Lebens. Ich verglich mich mit allen Erniedrigten, Verfolgten und Beleidigten, obwohl ich an einem gedeckten Tisch saß. Überall, in jedem Text, suchte ich nach etwas, das mich befriedigte, und was ich las, kreiste immer um dieses lebendige Zentrum, in dem sich *Die Bekenntnisse* mit *Sans Famille* oder *Romain Kalbris* von Hector Malot und besonders *Der kleine Dingsda* von Alphonse Daudet mischten. Einmal sollte ich *La mort du loup* von Alfred de Vigny auswendig lernen (was mir mit einiger Mühe auch gelang) und war davon zu Tränen gerührt.

Doch bei all meinen Leseerlebnissen und Entdeckungen blieb jenes vertikale Gefühl, und mir wurde zunehmend bewußt, daß es durch nichts absorbiert, erfüllt oder aufgewogen werden konnte.

Auf dem Grund all dessen, was ich las, war immer ein Klaffen, ich suchte vergeblich nach einem unzweifelhaften Zeichen dafür und brauchte Jahre, nicht um es zu überwinden, denn es war unüberwindlich, sondern um später, durch Kafka, darin die innere Trasse zu erkennen, die in mir angelegt ist wie in allen anderen Menschen.

Mein sonderbares Dasein als Schwarzfahrer des Schicksals bot mir keinerlei Anhaltspunkte. Nur die Sprache, besonders wenn sie zur Sprache der Literatur wird, erlaubt es jedem, sich einen Weg zu bahnen, in dem er sich auf die eine oder andere Weise mit einer fiktiven Figur vergleicht und Ähnlichkeiten oder Entsprechungen findet. Für mich lief so etwas immer auf ein sprachloses Staunen hinaus.

Das Französische war ein Überfliegen bläulicher, tief in die Landschaft eingebetteter Hügel, eine Sprache der Flüsse und Brücken, eine Farbe des durchscheinenden Himmels im Orange des Sonnenuntergangs, eine Sprache für den Salon, durch dessen große Fenster man auf einen von Blumenschalen eingefaßten Park sah. Viel mehr als meine Muttersprache war es eine Sprache der Übereinkunft, gewachsen aus der Gemeinsamkeit und einer langen Geschichte. Eine zugleich majestätische und intime Sprache, eine Sprache, die dem Verständnis und der Verständigung diente, und in dieser Sprache, die durch und durch zu meiner geworden war, galt es nun, meine Erinnerung zu errichten, die uralte Erinnerung, aus der man mich ausgeschlossen hatte, die Kindheitserinnerung, die mir untersagt war, die Erinnerung an die den Körper einschnürende Angst, dieses unwiderstehlichste und schmählichste aller Gefühle, das Verworfenheit und Verrat Tür und Tor öffnet. Die Erinnerung an das Verbot zu leben, weil man zuviel ist, ist unaufhebbar.

Das Französische versöhnte die Dinge durch die Verschmelzung der ineinandergleitenden Worte zu einer Tonlage, die das schrecklichste Grauen mit dem Glanz der Sprache verhüllte, und erlaubte mir, das wohlbekannte Muster in seine feine Liebenswürdigkeit zu verweben. Es war wie ein mit Goldfäden besticktes Tuch aus dunkelblauem Samt, das man über alles warf, was man nicht sehen wollte, während das Deutsche sich niemals scheute, das Schlimmste zu zeigen. Auch Rousseau, dem ich meine Initiation in die Souveränität der Scham verdankte, blieb in dieser Zone des Hellen, dem Ort des Französischen, dessen dunkle Hänge nie in den Abgrund führen, als bewahrte Rousseau im Freudenrausch des gezüchtigten Leibes eine Unschuld, eine letzte Weisheit.

Verworren fühlte ich, daß nur das Französische – warum, wußte ich damals noch nicht – mir eines

Tages meine Muttersprache wiedergeben könnte, gerettet, wenn auch für immer entwürdigt, entstellt, verwundet vom Nazismus, der aus ihrem Schoß erwachsen war, und mich immer genauer, immer deutlicher auf das hinweisen würde, was einem stets entgeht, als käme Französisch dem Deutschen am nächsten.

Ich kann mich nicht erinnern, Französisch gelernt zu haben, ich bin einfach hineingefallen. Ich erinnere mich nur an bestimmte Klangwirkungen irgendwo zwischen dem Deutschen und dem Italienischen, die ihrerseits vollkommen unterschiedliche Tonlagen haben, das Deutsche mit großen Ausbrüchen, das Italienische mit beliebig modulierbaren melodischen Folgen. Ich erinnere mich daran, daß ich Ende 1939 auf Anhieb Französisch konnte, den Sinn aber halbwegs zu begreifen durch die Literatur des 17. Jahrhunderts lernte, weil in dem merkwürdigen Internat ausschließlich Schriftsteller dieser Zeit und ein paar aus dem 18. Jahrhundert zugelassen waren.

Ich entdeckte die Ökonomie der Worte, die Kürze und Dichte bei La Rochefoucauld, Retz oder La Fontaine, aber auch deren feierlichen Glanz bei Bossuet. Mich faszinierte das Feld der Wörter, ihre Reichweite, die Sinnsprünge, die Verbindungen. Was hieß Verstehen bei so wenig Hinweisen? Französische Wörter waren »geschichtsträchtig«, schon beim Hören erahnte man ihren Gebrauch seit alters her, den lange vollendeten Zuschliff. »Langueur« (Lustlosigkeit), »promptitude« (Schnelligkeit), »orgueil« (Stolz) – sie waren wie weise Greise voller Erfahrung, man konnte sie sich gut in höfischen Gewändern vorstellen; »complaisance« (Gefälligkeit), »jalousie« (Eifersucht), »éclat« (Glanz), »opportunité« (Gelegenheit) – jedes hatte seine besondere Physiognomie und ein bestimmtes Auftreten. Vor allem aber wußte man nicht, wie sie gemacht waren, anders als die deutschen Wörter, die aus lauter bekannten Elementen bestehen, der *Hochmut* zum Beispiel, der spöttisch von oben herabblickt.

Deutsche Komposita bargen keine Überraschungen, sie waren aus einfachen Wörtern zusammengesetzt, sie legten die Karten auf den Tisch und gaben freizügig ihren Sinn preis, den die französischen Wörter für sich behielten, was es jedem erlaubte, Bedeutungen und Andeutungen (sous-entendus, ein Wort, das im Deutschen keine Entsprechung hat, das Unausgesprochene, Ungesagte, stillschweigend Unterstellte) nach Belieben zu variieren.

Französische Texte hatten eine Glätte und Geschmeidigkeit, die man im Deutschen kaum fand, außer bei ein paar wenigen Schriftstellern wie Heinrich Heine oder Josef von Eichendorff. Von dessen

Erzählung *Aus dem Leben eines Taugenichts* war ich begeistert, so undeutsch, anmutig, frei war dieser Nichtsnutz, den seine Liebesabenteuer bis nach Italien führten und dessen unbekümmerte Frechheit, deren Tragweite von einer scheinbaren Oberflächlichkeit verdeckt war, an das französische 18. Jahrhundert gemahnte – das war mein Deutsch!

Viele deutsche Gelehrte, Wissenschaftler oder Schriftsteller hielten es für ihre Pflicht, das Deutsche so fett und gedrungen wie möglich zu machen, während das gesprochene Deutsch dem Tod, mit dem die Hitlerianer alles »Geistige« geschlagen hatten, entwischt und außerhalb der Universitäten und Institutionen eine wunderbar lebendige Sprache geblieben war, wie alle anderen.

Das scheinbar Leichtflüssige der meisten französischen Texte konnte mich nie täuschen, vielleicht weil Französisch nicht meine Muttersprache war, so konnte ich besser ermessen, wieviel Verborgenes unter dieser Oberfläche steckte.

Doch unter meiner Verschmelzung mit der Sprache dauerte dasselbe Unbehagen fort, dieselbe Inkongruenz, dieselbe Zeit ohne Inhalt und Bindungen.

Den Buchbestand meines Internats im Gebirge hatte ich bald durch, und mangels anderer Lektüre las ich einfach dieselben Texte noch einmal, die Auszüge aus den *Charakteren* zum Beispiel, wo aus jeder gedruckten Seite die Figuren mit ihren Stimmen und raschelnden Gewändern erstanden, die Parks mit den gekiesten Alleen, die bezopften Diener, zahllosen Kerzen und hohen Fenster. Als ich das Ende des Porträts »Der Zerstreute« wiederlas, kam er mir plötzlich wie der Schlüssel zu einer Verkehrung vor, aus der das Begreifen dessen entspringen könnte, was mir nie zu sagen glückte, es war, als ob der Text sich selbst verschluckte.

»Einmal kehrt er vom Lande zurück; seine Lakaien in Livree wollen ihn berauben, und es gelingt, sie steigen aus seiner Kutsche, halten ihm die Spitze einer Fackel an die Gurgel, fordern seine Börse, und er händigt sie ihnen aus, zu Hause angekommen, erzählt er seinen Freunden von dem Abenteuer, die ihn gleich nach den Umständen fragen, und er sagt zu ihnen, fragt meine Leute, sie waren dabei.«

Das erste Mal fand ich eine solche Verhöhnung der Sprache verkörpert in einer Figur, ein Exempel ungültig gemachter Sprache, die man wieder hinunterschluckt, eine »Anekdote«, die der Sprache ein Ende setzt, indem sie zurückstößt, was herauskam, und verschließt, was sich geöffnet hat; die verkehrte Sprache: *»Fragt meine Leute, sie waren dabei.«*

Von da an gibt es nichts mehr zu sagen, die Absurdität oder vielmehr die Verkehrung hat ihren Gipfel erreicht: Hier wird die Sprache verschluckt, und hier beginnt sie, unaussprechlich und überwältigend.

Etwa um diese Zeit, Mitte Februar 1945, sickerten Informationen durch, die das, was man vage befürchtet hatte, unsagbar, ungeheuerlich werden ließen. Es gab immer mehr Fotos der Russen aus Auschwitz und der Amerikaner aus Buchenwald. Allmählich begann man die Dimensionen einer in der Menschheitsgeschichte beispiellosen Vernichtung einigermaßen zu ermessen, nie war etwas Unbeschreibliches von solchem Ausmaß erdacht, vorbereitet und organisiert worden, es würde sich auf ewig dem Zugriff der Sprache entziehen. Man konnte nur die Augen verschließen vor diesen Bildern.

Es gab keine Worte, oder besser, es gab zu viele Wörter für das, was in meiner Sprache, der Sprache meiner Mutter und meiner Kindheit, ausgeheckt worden war, der Sprache meiner ersten Entdeckungen, ersten Verzückungen, die nun für immer befallen sein würde. Die Zeitungen berichteten von den Lagern und gebrauchten dafür deutsche Wörter. Dann gab es die ersten schriftlichen Augenzeugenberichte, die oft fast vertraute Begriffe wie *Lager, Selektion, Rampe, Vergasung* enthielten. Ich hatte mehrfach beobachten können, was man mit meiner

Sprache anstellte, zu welchen Wortverknüpfungen man sich verstieg, bis man aus ihr tatsächlich das Idiom des Verbrechens gemacht hatte. Und doch war das Deutsche, wie die Leute es sprachen, das man in Österreich hörte oder in der Schweiz, dieselbe Sprache geblieben, die ich in mir trug, unerreichbar für die Niedertracht, die sie verstümmelt hatte. Die »Intellektuellen« waren allein verantwortlich für die unheilbare Wunde der deutschen Sprache.

Die Bruchstücke des Horrors, die bis zu diesem Internat in Savoyen vordrangen, reichten bei weitem aus, um aufzuzeigen, in welchem Maße das absolute Verbrechen ins Innerste der Sprache eingedrungen war. Schon in meiner Kindheit in Deutschland hatte ich Dinge wie *niederrassig, minderwertig, Aufnordung* bzw. *Volksgemeinschaft* gehört, ohne allerdings deren Konsequenzen ermessen zu können.

In meiner Sprache wurde das absolute Verbrechen geplant, jeden Tag wurden die Namen neuer Vorschriften bekannt, deren Wortelemente mir alle geläufig waren. Diese Begriffe hatten das Deutsche durchsetzt, sie waren überall und hatten sich in der ganzen Sprache ausgebreitet. Wie konnte ich es jetzt noch gebrauchen, es sprechen wie jeder andere? Ich müßte nur einen deutschen Satz in den Mund nehmen, und nichts wäre mehr wie früher. Man hatte mich nicht nur aus meiner Sprache verstoßen, sondern sie wahrscheinlich auch für immer beschädigt und vergiftet. Allzu gut wußte ich aus eigener Erfahrung, was der Nazismus war, um nicht zu spüren, daß das Deutsche unheilbar ins Mark getroffen war.

Im Laufe der Jahre wurde die Not nur noch schlimmer, zeit meines Lebens war ich einem linguistischen Feld ausgesetzt, das höchste Poesie und absolutes Verbrechen in sich vereint.

III
Offenbarungen

Der Zufall wollte es, daß ich im Juni 1946 nach der ersten mündlichen Teilprüfung zum Abitur im Schaufenster eines Antiquariats in Annecy Nietzsches *Also sprach Zarathustra* entdeckte, eine broschierte Volksausgabe des Kröner-Verlags für die *Wehrmacht,* glücklicherweise ohne Hakenkreuz – es war das erste deutschsprachige Buch, das ich mir kaufte.

Der Name Nietzsche war mir bekannt, ich hatte ihn schon als Kind gehört und konnte mich an einen riesigen Schnauzbart erinnern, den ich auf Bildern gesehen hatte. Der Buchhändler in Annecy wunderte sich über mein Interesse für dieses seltsame Werk und schien fast erleichtert, daß er es los wurde, aber angesichts des günstigen Preises konnte ich nicht widerstehen und tauchte so mitten ins Deutschtum ein.

Ich schämte mich ein wenig dafür und versteckte das Buch unter meinem Pullover. Auf einer Bank zwischen See und Stadt begann ich darin zu lesen und fand Worte von unerwarteter Einfachheit. Gleich darauf war ich frappiert von dem gezwungen feierlichen Ton, der allein von der grammatikalischen Konstruktion herrührte.

Dieses Deutsch, wie aus der Lutherschen Bibelübersetzung entstanden, bekam so eine gravitätische Schwere. Die protestantische Predigt klang darin an, lodernd und hochtrabend, und ich ließ mich davon gefangennehmen. Am meisten verblüffte mich der schlichte Wortschatz ohne ein einziges mir unbekanntes Wort, das war die Sprache meiner Kindheit, so hatte ich sie gebraucht, und ich wunderte mich nicht über das, was sie sagte, das war jugendlich-kindisch, ich erkannte meine eigenen Attitüden darin wieder. Ich fand in diesem langen Gedicht etwas von dem, was ich suchte, eine Linie, die über sich hinauszielt und sich immer weiter fortsetzt. Es war stark und kraftvoll, aber auch kalt und unbarmherzig. Irgendwie schwang doch im Hintergrund darin etwas Rübezahlhaft-Heidnisches mit, was sehr leicht auf vermeintlich heilbringende Verwüstungen hinauslaufen konnte, in bismarcksche Kraftmeierei. Erst später wurde mir klar, wie sehr Nietzsche sich ja gerade gegen die geist- und freiheitstötende Preußenprotzerei erhob. Ich schrieb ganze Passagen daraus ab, so begeistert war ich davon, und hörte doch in dieser Sprache mit ihrer wagnerianischen Begrifflichkeit ein abweisendes, distanzierendes, trennendes: »Du bist keiner von uns.«

Nach und nach wurde mir bewußt, daß die deutsche Literatur, die mir begegnete, schon durch ihre Sprache meist herrisch verschlossen und abweisend auftrat. Nur in Romanen und Novellen hörte man ab und zu eine menschliche Stimme, Gedichte oder theoretische Texte klangen fast immer monumental und kalt.

Damals ahnte ich noch nicht, daß ich 26 Jahre später, 1972, *Also sprach Zarathustra* für eine Taschenbuchausgabe neu ins Französische übersetzen würde – eine seitdem sehr verbreitete Übersetzung.

Jedenfalls ging ich am Ende dieses Jahres 1946 den umgekehrten Weg wie Zarathustra und stieg aus den Bergen in die Ebene hinab.

Ich wurde in die letzte Klasse des Gymnasiums (Collège municipal de Pontoise) eingeschrieben. Es waren die letzten Jahre des Überlebens einer erstarrten Vorkriegswelt, die wie die Fassade bombardierter Häuser noch eine Weile hielt, bevor sie in sich zusammenstürzte. Etwas war zerschlagen und für immer verloren. Die deutsche Besatzung lag noch wie ein Trauerschleier über allem.

Die Landschaften der Umgebung glichen den impressionistischen Gemälden, die man damals im Museum Jeu de Paume besichtigen konnte, um sich zu vergewissern, daß sie so blieben. Alles war wie vor dem Krieg, und doch war nichts mehr wie früher.

Das Bullern der Dauerbrandöfen, das Klötern der Kohlen durch die glänzenden Ausgußtüllen der konischen Kohleneimer, das Summen des Wasserkessels auf der Herdplatte, das Klappern der Hufeisen auf dem Pflaster und das Rattern der Dreschmaschinen im Sommer unterlegten das alles durchdringende Bewußtsein eines unwiederbringlichen Verlusts, es war, als ob die Welt gefroren wäre.

Ein Zementblock lag mir unentwegt auf der Brust. Mit dieser schweren Bürde, die sich nicht abschütteln ließ, irrte ich durch die Rübenfelder, ein lasterhafter Findling, den man aus Barmherzigkeit aufgelesen hatte. Mit bald 20 Jahren lebte ich in einer perversen Einsamkeit mit Bildern aus meiner Internatszeit, ich rief mir die noch vor ein paar Monaten erlittenen Züchtigungen ins Gedächtnis und geilte mich daran auf, ich sah mich vorgeführt, in die Ecke gestellt, auf einem Vierkantlineal kniend, ich sah mich in die Nachbarklasse gehen und jüngere Schüler zu meiner Bestrafung einladen, damit sie meine Schande und meine Tränen sehen konnten. An Händen und Füßen gebunden, gab ich mich lustvoll den Launen der Internatsdirektorin hin.

Ich stapfte durch den großen, verlassenen Park von Maubuisson, in dem das israelitische Waisenhaus lag, wo ich ein Mansardenzimmer mit Blick auf die ehemalige Zehentscheune der Abtei hatte. Ich war lächerlich und unbrauchbar. In meinen zu langen Mänteln und zu kurzen Hosen aus Kleiderspenden und dank meiner wohltätigen Beschützerin mit Kost und Logis und frischer Wäsche versorgt, gab ich mich dramatisch. Eine permanente Überstürzung wohnte mir inne, die ständig in sich zusammenfiel.

In dieser Zeit hörte ich zum ersten Mal von Franz Kafka, ohne zu ahnen, in welchem Maße er mein gesamtes späteres Leben bestimmen sollte. Ich schnappte die Namen verschiedener Schriftsteller auf, und der von Kafka fiel immer wieder. Ich wußte, daß er ein Tscheche war, der deutsch schrieb, und daß er ein Jude war, der mehr als sonst jemand das menschliche Schicksal verkörperte. Er war ein Niemand, hieß es, ein kleiner Angestellter, bevor er zu einem der bedeutendsten Schriftsteller des Jahrhunderts wurde. Ich wußte auch, daß ein paar Idioten 1946, im Namen der guten Sache, seine Bücher verbrennen wollten: »Soll man Kafka verbrennen?« tönte es aus Paris.

Da ich mir aber nur die Bücher leisten konnte, die ich zur Vorbereitung auf den zweiten Teil des Abiturs unbedingt brauchte – um so mehr, als ich schon einmal durchgefallen war –, kam ich nicht dazu,

Kafka zu lesen. Taschenbücher gab es damals noch nicht, außerdem wollte ich ihn auf deutsch lesen.

Von der einigermaßen zeitgenössischen Literatur kannte ich – durch den Pfarrer, der mich für den Katholizismus begeistert hatte – nur Péguy. Das üppige Wogen seiner Lyrik etwa in den *Tapisseries* oder in den *Mysterien* wurde zu einem inneren Rhythmus; die *Darbringung des Landes Beauce an Unsere Liebe Frau von Chartres* ließ einen im Takt unermeßlicher Landschaften schwingen. Es gab bei Péguy eine Güte, eine Öffnung und gleichzeitig eine Unstillbarkeit, der ich paradoxerweise bei Kafka wiederbegegnen sollte.

Mein Pfarrer hatte mir auch *Notre jeunesse* zu lesen gegeben, einen Text, den Péguy 1910, nach der Dreyfus-Affäre, geschrieben hatte; hier fand ich wieder, was ich schon bei Pascal gelesen hatte: *»Es blutet noch aus so vielen Wunden. Doch die ganze Mystik Israels liegt in der Weiterführung seiner aufsehenerregenden, schmerzhaften Mission in der Welt. Daher die unglaublichen Spaltungen, die quälendsten inneren Gegensätze, die es vielleicht zwischen Mystik und Politik gibt. Volk der Händler. Und gleichzeitig Volk der Propheten. Die einen wissen für die anderen, was Katastrophen sind.«* Und etwas weiter: *»Ich kenne dieses Volk gut. Auf seiner Haut ist keine Stelle, die nicht schmerzt, die nicht schon einmal blau geschlagen oder geprellt war.«*

Ja, ich meinte Pascal zu hören und die lange, viertausend Jahre währende Aufeinanderfolge von Menschen, die immer wieder dasselbe sagen, *»und davon können sie nicht abgebracht werden, welche Drohungen und Verfolgungen man auch über sie verhängt«*. Ich war dabei und gehörte doch nicht dazu, ich war Fisch und Fleisch, ich war beides und gleichzeitig keines von beiden, und obwohl ich ein Bürger der französischen Republik war, konnte ich mich mit nichts identifizieren, was irgendwie anerkannt war. Ich genoß mein Leben als Schüler, während Millionen anderer in Rauch aufgegangen waren.

Ein außergewöhnlicher Zufall hatte mich beschützt, und ich ließ es mir wohl sein in einem Leben, das mir nicht zustand, versuchte meine Existenz durch die Literatur zu rechtfertigen, mich reinzuwaschen, indem ich mir vorspielte, etwas zu sein, das ich nicht war.

Sämtliche Figuren aus den Geschichten und Romanen, die ich las, hatten eine Geschichte, Verwandte, mehr oder weniger enge Beziehungen, die sie mit anderen verknüpften. Sie lehnten sich auf oder spielten mit, so oder so waren sie ein Teil von etwas, aus dem sie kamen oder zu dem sie gingen.

Als einer, der davongekommen war und seinem Schicksal ein Schnippchen geschlagen hatte (eigentlich hätte ich zu einem Lampenschirm oder zu Dünger werden müssen, dann wäre ich zu etwas gut gewesen), konnte ich nie ganz mit dem verschmelzen, was ich las, ich tauchte immer irgendwo auf. Selbst zu dichten erschien mir besonders peinlich und grotesk. Meine Schulkameraden taten es trotzdem, und es war schon seltsam, wenn ein Junge von eher unvorteilhaftem, rohem und allzu männlichem Äußeren naive, sentimentale Lyrik schrieb.

Wir waren acht lange Schlakse in der letzten Klasse des Collège de Pontoise, alle in den Sachen des großen Bruders. Und ich war ein reicher Armer. Im Schulhof fand die Begegnung mit zeitgenössischer Literatur und Lyrik statt. Gérard Genette, ein feinsinniger Analytiker der französischen Literatur, brachte mir René Crevel, Rimbaud, den Surrealismus nahe, lauter Dinge, von denen ich bis dahin noch nie gehört hatte. Ich las einen geliehenen Lautréamont, wo vom Außergewöhnlichen die Rede war, von dem, was nicht für die Sprache bestimmt war, von der uneingestehbaren Sünde der Jugend: *»Ob du ein Verbrecher bist, der die Vorsichtsmaßregel außer acht ließ, seine rechte Hand nach dem Verbrechen mit Seife zu waschen . . ., mein wahrhaft grandioser Palast ist würdig, dich zu empfangen«*. In den *Gesängen des Maldoror* erschien dieses Anderswo, das ich da und dort bei Vigny, Victor Hugo oder Hérédia gefunden hatte, gedrängt und verdichtet.

Schon im Internat hatte mir ein junger Aufseher, der mich oft bestrafte, *Ein Aufenthalt in der Hölle* von Rimbaud zu lesen gegeben, nachdem er mich erobert hatte, doch erst ein paar Monate später, in Pontoise, verstand ich dank meiner verfeinerten Urteilskraft, daß er meinem Geist zur Erkenntnis dessen verhelfen wollte, was er mein Fleisch zuvor hatte entdecken lassen, als *»Sklavin des Höllengemahls, der die törichten Jungfrauen zugrunde gerichtet hat«*.

Man hatte mich aus dem Internat in den Bergen geholt, weil durchgesickert war, daß ich trotz meines Alters noch geschlagen wurde. Im Gymnasium war alles ganz anders: zu weiträumig, zu sichtbar, ohne Schlupfwinkel, ohne bekannte Gesichter und ohne verbündete Wälder und Speicher. Ich war mir selbst ausgeliefert. Aber, wie Rimbaud sagt: *»Man geht nicht fort. – Nehmen wir die Wege hier wieder auf, beladen mit meinem Laster, dem Laster, das seine Wurzeln des Leidens in meine Seiten geschlagen hat, seit ich denken kann – das zum Himmel aufsteigt, mich schlägt, mich niederwirft, mich mit sich fortschleift.«* Man war auf die hilfreiche Hand angewiesen, auf innere Bilderwelten, verstohlene Abenteuer in Straßenwärterbaracken, flüchtiges gegenseitiges Berauschen an jugendlicher Nacktheit, von Zeit zu Zeit hörte man von fern, wie eingespannt wurde, man erlebte wieder die Verzückungen des Leibes und fühlte sich schuldiger, lächerlicher als die zwei oder drei anderen, denen in der Stadt zu begegnen man sich nachher schämte.

Rimbauds *Leuchtende Bilder* verwirrten mich mindestens so wie das dritte Buch von Rousseaus Bekenntnissen. *»Der Lauf, über den ich herfallen muß durch Baumgewirr und leichtes Lied«* – bei mir war es die Verschwiegenheit der Mansarde. Wie jeder andere empfand ich die *Leuchtenden Bilder* als beruhigende, ja begeisternde Erfahrung, sie machten die Welt größer, den Horizont weiter und entzückten mich durch ihre Landschaften: *»Ich bin der Fußgänger auf der Hauptstraße durch den Zwergenwald; der Lärm der Schleusen verschluckt meine Schritte. Ich sehe lange die melancholische Goldlauge des Sonnenuntergangs. Ich wäre gern das verlassene Kind auf dem Damm in hoher See, der kleine Diener, und liefe auf der Allee, deren Stirn den Himmel berührt.«*

In meiner Mansarde war ich auch der junge Diener, der vom Herrn in die weiträumige Bibliothek des Schlosses entführt wird. Ich verkroch mich in der hintersten Ecke des Parks, um von einem Mitschüler zu träumen, den ich nicht anzusprechen wagte. Ich schnitt dünne Zweige vom Haselstrauch, Ruten – damit kannte ich mich aus. Bei Einbruch der Dunkelheit ging ich sie holen, obwohl ich keinen Spiegel hatte, um mir bei der Züchtigung zuzusehen. Ich trug meine Schuld mit mir herum, in meinem glatten, sündigen Gesicht konnte man von den in der Dachrinne versteckten Birken- oder Haselgerten lesen. Ich war der bei offener Tür ertappte, sich selbst ergebene Knabe, zur köstlichen Strafe von eigener Hand verurteilt. Rousseau hatte mich schon in *Émile* gewarnt: »*Wenn du dich einmal der Herrschaft eines Tyrannen fügen mußt, so will ich dich doch lieber dem überliefern, von welchem ich dich wieder zu befreien imstande bin. Was sich auch immer ereignen möge, so werde ich dich doch leichter den Frauen als dir selbst entreißen können.*« Ich aber wollte um keinen Preis von diesem Tyrannen befreit werden, der mich unterjochte.

Die Poesie war ein möglicher Ausweg, Rimbaud, Verlaine oder Antonin Artaud, vielleicht konnte sie ausdrücken, was ich empfand, das Unsagbare kundtun, die verbotenen Einsamkeiten, die unerwarteten Entdeckungen, den »ungreifbaren Teil«, um den sich die Welt allmählich ordnet. Berge und Täler, Wiesen und Wege – alle Orte wurden dadurch beseelt, erotisiert.

Diesen leeren Punkt, dieses Überkippen zu dem, was man ist, was aber nichts enthält, dieses »Manselbst-Sein« faßte die Literatur manchmal in Worte. Doch stets fehlte die letzte Passung. In intensiven, flüchtigen Momenten fiel das, was man war, mit dem, was man las, zusammen, dann entwischte es wieder oder trübte sich ein. Was als einziger Ausweg blieb, war, zu Fuß oder per Rad das Land zu durchstreifen auf der Suche nach Orten, an denen sich das Zusammenspiel all dieser körperlichen Farbempfindungen wiederherstellte, die manche Bilder von Sisley, Monet oder Van Gogh im Jeu de Paume hervorgerufen hatten.

Von dem bißchen Geld, das ich von Zeit zu Zeit bekam, kaufte ich mir Antonin Artauds *Selbstmörder durch die Gesellschaft* und las es im Zug von Paris nach Pontoise; das war ein neuer Blitzschlag, die diesmal explizite Realität des unüberwindlichen Zwischenraums in Artauds Text, der nie sein kann, wovon er spricht. Da ist die Rede von Van Goghs Kampf mit dem Unsagbaren, von einer sonderbar dunklen Quelle, von einer *»Überhitzung des Schmelztiegels«*, einer ungeheuren Glut, einem Abgang ohne Ankunft. *»Das stürmische Licht der Malerei Van Goghs beginnt seine düsteren Rezitationen gerade in dem Augenblick, in dem man aufgehört hat, es zu sehen.«*

Manche Texte bargen den Druck, den man in sich trug, machten mit einer fast blendenden Kraft sichtbar, was sie nicht sagen konnten. Mir fiel auf, daß ich las, um in dem Gelesenen erscheinen zu sehen, was an die Worte stieß, ohne über sie hinwegzukommen. Von einem trockenen Fieber getrieben, entdeckte ich nach und nach, daß die Schriftsteller

Worte »anliefen«, ohne sie je überschreiten zu können, und daß das Wesentliche, die Worte selbst nämlich, in der Schwebe blieb, stets in Reichweite und doch nie zu fassen.

Die Kraft Artauds besteht darin, daß er sich nicht damit begnügen kann, sondern seinen Van Gogh schreiben, dessen *»Zeugungsalptraum«* fortsetzen muß. Der Leser wiederum kann sein Empfinden nicht mehr in die Form einpassen. Es gibt keine Kongruenz. Van Gogh ist es beinahe – bis auf den Selbstmord – gelungen, Ausdruck und Ausgedrücktes zur Vermengung zu bringen, immer wieder nannte er sie unauflöslich verbunden in seiner Malerei, die so zu ihrer eigenen *»Keimform«* wird (Étienne Gilson), Inhalt und Form zugleich. *»Organist eines gehemmten Sturms«*, schreibt Artaud, *»der in der klaren Natur lacht, zwischen zwei Unwettern beruhigt, die aber, wie Van Gogh selbst, zeigt, daß sie durchaus bereit ist durchzubrennen.«*

Dank der Literatur nahm ich mein Empfinden dieser regungslosen Bewegung immer deutlicher wahr. Mit fieberhafter Intensität suchte ich nach der Koinzidenz, in der sich Inhalt und Form ineinanderfügen, und war doch sicher, sie niemals zu finden. Was Artaud einzukreisen versuchte, war diese stumme Form, die den Worten Raum gibt, welchen sie nicht enthalten, der sich aber über sie hinweg beim Leser fortsetzt. Die *Keimform* ohne eigene Existenz ist nur der Zwischenraum, der ich bin. So fand ich Pascal wieder: »*Wir suchen nie die Dinge, sondern die Suche nach den Dingen*« oder: »*Was bewirkt, daß die einen in den Krieg ziehen und die anderen nicht, ist dieses gleiche Verlangen, das bei allen beiden mit unterschiedlichen Auffassungen verbunden ist.*« Indem der Dichter Artaud das malerische Werk Van Goghs zum Ausgangspunkt nimmt, weil er es als Endpunkt versteht, taucht er wieder in die Dimension des Unsagbaren ein, aus der der Maler nie herauskam. Van Goghs Bilder stellten Artaud vor »poetischen Stoff«, mit dem er wieder von vorn anfangen mußte.

Als Antonin Artaud 1947 im Theater Vieux Colombier über sein Hörspiel *Schluß mit dem Gottesgericht* sprach, traute ich mich nicht hinzugehen, meine innere Lähmung war zu groß, als daß ich mich unter lauter Berühmtheiten gewagt hätte: Ich wäre dort sofort aufgefallen, man hätte sich mit den Ellbogen angestoßen, und ich hätte mich in dem gelben Kamelhaarmantel von der Wohlfahrt, der mir bis zu den Knöcheln ging, unpassend gefühlt.

Ungefähr zur gleichen Zeit, nachdem die Entdeckung von Flauberts *Madame Bovary* und *Ein einfältig Herz* zur Entstehung innerer Landschaften geführt hatte, in denen alle Geschichten spielen sollten, die ich später las, schenkte mir ein junger Französischlehrer, den ich an den Kais getroffen hatte, *Bouvard und Pécuchet,* nicht ohne mich vorher in der Konditorei und anschließend in seiner Garçonnière zu verwöhnen, so daß sich Geschriebenes und Begehren ein weiteres Mal überschnitten und mischten. Ich wurde tatsächlich übers Knie gelegt, bestiegen und großartig beritten. Danach nahm ich das Buch nach Maubuisson in meine Mansarde mit.

Bouvard und Pécuchet ist die grandiose Überschreitung des Wissens durch die Wißbegier, die Überwindung aller aus Anpassung und Bequemlichkeit erwachsenen Hindernisse durch den Wunsch nach Wissen. Die beiden Hauptfiguren wurden mir zu engen Vertrauten, es waren seit Rémi in *Sans famille* die ersten, in die ich mich hineinversetzen konnte; auch sie trotzten der Lächerlichkeit und fürchteten sich nicht vor der Schande; sie machten mir keine Angst. Armando Llamas hat das in seinem Stück *Gustave ist nicht modern* sehr klar gesehen: Der Blick verfehlt hier, was er sucht. Eine Verschmelzung mit den Dingen ist nicht möglich, der Zwischenraum, in dem sie erscheinen, ist nicht aufzuheben, jeder kehrt sich selbst den Rücken.

So wurde das Unfaßbare, das man in sich ist, durch jede neue Lektüre genauer, schärfer herausgeformt. Alles lag zwischen den Wörtern, im *l'entremots,* als ob die Geräusche der Sprache alle Substanz verlören. Das Seltsamste waren die Wörter – Käse, Käse, Käse, was hatte das Wort mit dem Käse zu tun? Sie zerfielen, wurden absurd, grotesk. Der »Sinn« war das, was sich im Satz verschob, was nirgends war, ganz wie bei Bouvard und Pécuchet, denen die letzten Wesenszeichen der Dinge immer entwischten.

Dann kam, fast zufällig, die verspätete Entdeckung Molières, dessen Stücke ich für ein paar Francs am Quai de Montebello erstand. Erstaunen und Ergriffenheit angesichts all dieser Charaktere, Sosias, George Dandin, M. Jourdain, die der Sprache beraubt sind, vom eigenen Mangel an Worten und den gegen sie sprechenden Beweisen an die Wand gedrückt und in die unbeweisbare Wahrheit eingeklemmt, so daß sie nur noch schnaufen und mit den Armen schlackern können.

Pourceaugnac, Alceste, Arnolphe oder auch Harpagon sind auf sich selbst reduziert, auf ihr »Ich weiß, was ich weiß«, als könnten sie nichts anderes mehr tun, als das Schweigen zu packen. Sie sind umgeben von einander widersprechenden Zeichen, sie werden lächerlich gemacht und können sich nie als das beweisen, was sie für sich sind. So ist Sosias, der Diener *Amphytrions,* doch der, der er ist, auch wenn Merkur, der sich an seiner Statt als Diener Amphytrions ausgibt, es ihm verboten hat. Sosias ist der,

der er ist, diesseits seines Namens, ich bin der, der ich nicht sein darf, sagt er, der da ich ist (Merkur), bin nicht ich. Was man fühlt, läßt sich durch die Sprache nicht zum Ausdruck bringen, der Augenschein verkehrt die Zeichen. Harpagon *(Der Geizige)* packt sich am Arm und hält sich für den Dieb.

Ich bin, was ihr mir zu sein auferlegt, was ich aber im Grunde meines Ichs nicht bin. Niemand ist in sich selbst die zugewiesene »Identität«. M. Jourdain *(Der Bürger als Edelmann)* hält sich für sich selbst, wie er nicht ist. Don Juan lebt nur die Herausforderung jenseits der Zeichen, und Alceste oder Tartuffe sind auf einander entgegengesetzte Weise, was die Zeichen nicht über sie sagen.

Alle Situationen, die Molière erfindet, überschreiten von Anfang an den sprachlichen Ausdruck. Alle Figuren seines Theaters werden durch ihre Umgebung oder die Situation zum Schweigen verurteilt. Sie scheitern an ihrer mangelnden Übereinstimmung mit dem Anschein. Ihr Schweigen aber ist nichts anderes als der Ursprung der Sprache, die Dimension, in deren Innerstem jeder im Bewußtsein seiner selbst ist. Wenn es Molière so gefällt, seine Figuren in Situationen zu treiben, wo die Sprache das Bollwerk des anklagenden Eindrucks nicht mehr durchbrechen kann, dann vielleicht deshalb, weil das Theater diesen Mangel selbst zum Gegenstand hat, weil es stets *die andere Seite* der Sprache darstellt: Ist es denn nicht der Zuschauer, bei dem alle Fäden zusammenlaufen und der, selbst im Schweigen verharrend, gleichzeitig außerhalb und im Zentrum des Spektakels steht?

Das ständige Wiederaufrollen derselben Situation liest sich von Stück zu Stück lebendiger, der Leib wird davon ergriffen, ähnlich wie bei Kafka. Ein Buch, das sich nicht in den Körper einschreibt, das nicht die Atmung verändert, lohnt die Mühe des Lesens nicht. In einem Brief an seinen Freund Oskar Pollak schreibt Kafka am 27. Januar 1904: »*Ich glaube, man sollte überhaupt nur solche Bücher lesen, die einen beißen und stechen. Wenn das Buch, das wir lesen, uns nicht mit einem Faustschlag auf den Schädel weckt, wozu lesen wir dann das Buch?*« Und fügt etwas später den bekannten Satz hinzu: »*Ein Buch muß die Axt sein für das gefrorene Meer in uns.*« Nur daß für mich dieses Meer nicht gefroren war, sondern zu nah, um darin zu baden.

Im September 1947 war ich bei der zweiten Teilprüfung des Abiturs zum zweiten Mal durchgefallen. Ich lebte in einer bitteren Verzweiflung, es war, als würde ich ständig einen Schrank vor mir herschieben, der dadurch immer schwerer und sperriger wurde, daß ich selbst drinsteckte. Immer klarer trat mir die Nutzlosigkeit meiner Existenz vor Augen. Ich war in mich eingelagert, ein vertikaler Block, den ich überall, wo ich hinging, mit mir herumschleppen mußte.

In der Buchhaltung des Waisenhauses stand ich unter »Ausgaben« in einer eigenen Spalte unter »Kosten Arthur«, zwischen »Instandhaltung, Reinigungsmittel« und »Heizung«. Wenn ich das Abi noch ein drittes Mal vergeigte, würde ich als Penner enden, als Japhagnol (das Wort hatte ich erfunden) mit Aushilfsjobs und Dachkämmerchen mit Wasser auf dem Flur. Ich hatte *La Négresse blonde* von Georges Fourest gelesen, und darin besonders *Une vie,* ich wußte also, was mir bevorstand. Ich war neunzehn Jahre alt und mußte mich in der Verwirrung einrichten, dem ständigen Hin und Her zwischen himmelhoch jauchzend und wie mit Brettern vernagelt: Einmal fühlte ich mich so weit wie die Welt, von allem innerlich erhoben, in mir allein waren sämtliche Reisen beschlossen, und die winzigste Wendung des Weges wurde zu einem gigantischen Abenteuer, ein andermal hatte ich einen Zementklotz in der Brust, ich hätte seine Umrisse nachzeichnen können, so genau fühlte ich ihn, manchmal auch beides gleichzeitig.

Ich schleppte eine kompakte, dicke, undurchdringliche Masse in mir herum, die sich auch durch Lesen nicht mehr auflösen ließ: Romane, Geschichten oder Gedichte beruhigten mich nur noch für Momente. Ich irrte um Pontoise herum oder durch den Park, hoffte auf irgendeine Begegnung und wagte nicht die geringste Bewegung, ich war vor Angst erstarrt. Der Schulanfang rückte näher, und diesmal mußte ich die Prüfung unbedingt schaffen. Ich ging in die Buchhandlung Comte, oben an der Place du Martroy, einem merkwürdig abfallenden Platz, der sich quasi über sich selbst neigt.

Der alte Herr Comte führte eine Vielzahl von Werken und alle damals verfügbaren populären Sammlungen mit mehr oder minder verblichenem Umschlag. In den Regalen standen viele von der Nouvelle Revue Française herausgegebene Bücher. Auf einem der Tische lagen zwei Bände in einem undefinierbaren Gelb mit einem Hauch Rosa: Kants *Kritik der reinen Vernunft,* die auch noch auf dem Lehrplan stand und die ich sofort kaufte.

Kaum zurück in meiner Mansarde, begann ich zu lesen, und von der Vorrede an spürte ich, daß da etwas passierte, das mich nicht so bald wieder loslassen würde. Ich wußte noch nicht genau, was es war, hatte aber das Gefühl, daß ich mich dem nicht mehr entziehen konnte, daß ich von dem erstaunlichen Problem der Grenzen des Denkens buchstäblich mit fortgerissen wurde: *»Die Hauptfrage … bleibt«*, schreibt Kant: *»Was und wie viel kann Verstand und Vernunft, frei von aller Erfahrung, erkennen? und nicht: wie ist das Vermögen zu denken selbst möglich?«* Durch die *Transzendentale Ästhetik* und das schematische *a priori* entdeckte ich nach und nach die Unmöglichkeit, außerhalb der Grundformen von Raum und Zeit zu denken. Man kann nicht anders denken, als man denkt, man kann sich nicht von den Grenzen des Denkens befreien, die gerade das sind, was das Denken in sich selbst denkt. (Wittgenstein kannte ich noch nicht.)

Je mehr ich vorankam, desto mehr spürte ich den nahezu körperlichen Zwang weiterzulesen, ein Wachsen des Denkens, das Tag für Tag gebieterischer wurde und das ich mit der Zeit als Verlängerung und Bekräftigung der namenlosen Leere in mir begriff, die ich an einem Oktobertag des Jahres 1943 entdeckt hatte und die hier etwas fand, um fortzubestehen. Ich las die gesamte *Kritik der reinen Vernunft* in wenigen Tagen und füllte ganze Hefte mit wahrscheinlich wenig originellen Kommentaren.

Kant lehrte mich, daß Denken außerhalb der Bedingungen des Denkens nicht möglich ist. Es war, als ob die Philosophie einen Widerstand gegen sich selbst enthielte, als ob sie nicht zu sich kommen dürfte, als ob es ihr Wesen wäre, sich selbst nicht formulieren zu können. Ich las auch Gaston Bachelard oder Nietzsche, nahm aber immer wieder Kant zur Hand. Erstaunlich, wie dieser langsame Aufbau von Punkt zu Punkt fortschreitet, um sich etwas zu nähern, das sich nicht einstellt!

Die ebenso gewaltige wie feine Arbeit packte mich innerlich, und ich verging vor Bewunderung angesichts einer solchen Konzentrationsleistung: *»Also geschieht jeder Übergang aus einem Zustande in den andern in einer Zeit die zwischen zween Augenblicken enthalten ist, deren der erste den Zustand bestimmt, aus welchem das Ding herausgeht, der zweite den, in welchen es gelangt.«*

In diesem Zwischenraum, der gleichzeitig definiert und unfaßbar war, entstand die Zeit. Seite für Seite entsprach das so genau meiner inneren Leere, daß ich immer stärker die Flucht des Philosophischen vor den Worten spürte.

Im Grunde genommen ging es der Philosophie – was meine Lektüre mir tagtäglich bestätigte – wie dem Esel, der hinter der Karotte herläuft, die ihm vom Kopf herunter vor der Nase baumelt.

Diese stets gleichbleibende Distanz war der eigentliche Inhalt der Philosophie, ich stieß auf jeder Seite der *Kritik* darauf. Und – das war eine andere Form der Distanz – auf den Unterschied zwischen dem französischen Text, den ich gelesen hatte, und dem deutschen Original. Es stand dasselbe drin, aber es wirkte auf deutsch dichter, gedrängter, näher an dem, was man sehen, was man berühren konnte, als wäre die Stofflichkeit der Sprache tastbarer, reeller, als haftete das Geschriebene mehr an dem, worum es ging.

Als ich das Abitur endlich in der Tasche hatte (sogar mit »befriedigend«), beschloß ich, Philosophie zu studieren, und ging an die Sorbonne, um Jean Wahl, René Poirier und vor allem Gaston Bachelard zu hören, dessen lebhafter, feuriger Vortrag das Denken zu ebenso unerwarteten wie vertrauten Grundideen lenkte. Trotzdem fühlte ich mich fehl am Platz und wurde die Empfindung des Unangemessenen, Unrechtmäßigen nicht los. Im Grunde war es sehr nett, daß man mich dabehielt. Nun hatte ich schon die außergewöhnliche Chance, studieren zu dürfen, mit Kost und Logis einschließlich frischer Wäsche auf Rechnung meiner Wohltäterin, und mir war dennoch nicht wohl.

Ich fand für dieses Unbehagen – zweifelhafte Herkunft und unnötiges Überleben samt uneingestehbarer Gewohnheiten – keine passende oder auch nur mögliche Form des Ausdrucks. Es verdeckte nur das tiefere Unbehagen über die mangelnde Eignung der Sprache, das zu sagen, was sie sagen soll, als ob dies – und ich war kurz davor, es für mich zu formulieren – ihr Daseinsgrund wäre, als ob sie nur dazu da wäre, ungeeignet zu sein.

Der Philosophie wohnte eine Spannung inne, die schließlich immer wieder in sich zusammenfiel, eine »Spannung zu etwas hin«, etwas ewig Unvollendetes, unerreichbar Nahes, ein innerer Druck, auf den sie die Worte zu setzen versuchte, doch sie war körperlos, ohne konkrete Wirklichkeit, sie erzählte keine Anekdoten, man spürte nur selten, was in ihr war, oder besser, man empfand es so stark, daß man erkannte, wie wenig sie es erfaßte.

In Geschichten und Romanen dagegen wurde diese stumme, unvermeidliche Dimension, wie mir schien, nur zufällig, fast unabsichtlich berührt. Übrigens las ich immer weniger Romane, mit Ausnahme von Flaubert. *Madame Bovary,* ein weiterer Blitzschlag, Pascal, Rousseau oder Rimbaud ebenbürtig, war für mich zum Absoluten jedes möglichen Schreibens geworden. Nirgends sonst hatte ich eine solche Übereinstimmung zwischen den Worten und dem von ihnen Abgebildeten gefunden. Jeder Satz öffnete das innere Auge. Man fühlte alles fast so, als ob man es selbst erlebte. In *Madame Bovary* schreibt Flaubert: *»Aber ist es nicht oft so, daß ein übervolles Herz mit den banalsten Worten nach Ausdruck sucht? Und vermag denn jemand genau zu sagen, wie groß sein Wünschen und Wollen, seine Innenwelt, seine Schmer-*

zen sind? Des Menschen Wort ist wie eine gesprungene Pauke, auf der wir eine Melodie heraustrommeln, nach der kaum ein Bär tanzt, während wir die Sterne bewegen möchten.«

Zur gleichen Zeit entdeckte ich Josef von Eichendorffs *Ahnung und Gegenwart,* einen romantischen Roman, 1831 in einem flüssigen und präzisen, klaren und gleichzeitig unergründlichen Deutsch geschrieben, das man in Frankreich nicht schätzt, weil man eine Sprache wie aus Granit gemeißelt erwartet, gepanzert und geharnischt, und in Deutschland noch weniger, weil sie dort abgründig und prophetisch sein soll. In diesem Roman schreibt Eichendorff, ganz wie Flaubert: *»Gestikulieren, quälen und mühen sich nicht überhaupt alle Menschen ab, die eigentümliche Grundmelodie äußerlich zu gestalten, die jedem in tiefster Seele mitgegeben ist, und die der eine mehr, der andere weniger und keiner ganz auszudrücken vermag, wie sie ihm vorschwebt?«*

Das deckte sich vollkommen: Kein Mensch kann sich ganz erklären, jeder ist einer unbeweisbaren Identität ausgeliefert, und der Sinn der Literatur besteht nicht darin, einen Ausweg zu finden, sie hat keinen Sinn, sie sagt einfach, was sie zu sagen hat. Vielleicht ist sie nur dazu bestimmt, geschrieben zu werden, die Bewegung zu bewahren, aus der sie hervorgeht, dies unmittelbare Davor, an der Schwelle zum Wort, jenen Zwischenraum, den man, da er sich nicht zeigt, fast schmecken kann. Auf jeden Fall ermutigte sie mich weiterzumachen und bestätigte mich in meinem Sein. Ich war in Frankreich »Gast«, Französisch war zu meiner Muttersprache geworden. Trotzdem: Durfte ich mir's einfach wohl sein lassen und mich so »durchwursteln«? Das hätte man mir vielleicht sagen können, aber man hat es mir nicht gesagt.

Das Französische schien mir zunehmend aus der Sprache des 17. und 18. Jahrhunderts gebildet zu sein, durch die ich es entdeckt hatte, es hatte etwas Gleitendes, Samtiges an sich. Es war auch eine gut gelüftete Sprache, die einen weit tragen konnte, eine offene Sprache, in der es viel Platz gab, Flaubert schien mir dafür exemplarisch: Das sprach sämtliche Sinne an, jeder Satz barg seine eigene Erinnerung und bereicherte die des Lesers. Das Französische war eine vom Abendrot gefärbte, westliche Sprache, eine Sprache des offenen Meeres, merkwürdig maritim, wo sie doch aus einem Land der Erde kam, das wenig übrig hatte für Seefahrerphantasien.

Das Deutsche kam mir dagegen eher roh vor, eine grün angehauchte Sprache von Frühaufstehern mit Rucksack, eine morgendliche Sprache von einer gewissen Verlegenheit, die schwer Worte findet, weil viele Wörter aus wenigen Elementen gebaut sind.

Eine Sprache mit langsamem Gang. Jedes Wort ist aus dem Umraum genau ausgespart, mit festen Grenzen, die im Französischen mehr im Unbestimmten verlaufen (Bettnässer und énuretique, Hochmut und orgueil z. B.).

Wenn man ein deutsches Buch aufschlug, staunte man über das Gesträubte, Gedrängte, Geharnischte, das die Sprache annahm, wenn sie theoretisch oder essayistisch daherkam. So wunderbar und reich, biegsam und weit sie eigentlich war, so verstockt, entstellt, gebrochen und auf ewig verwundet war sie nun. Die Sprache der »Gelehrten« oder, wie es hieß, das Deutsch der *Dichter und Denker* war, wie man in Berlin unter Hitler sagte, zum Deutsch der *Richter und Henker* geworden.

Im Philosophiestudium war ich mit Texten konfrontiert, die ich zu lesen fürchtete, die mich aber auch ansprachen und anregten. Mich der Sprache zu bedienen, mit der die Auslöschung organisiert worden war, die Möglichkeiten zu nutzen, die ich auf diesem Gebiet hatte, bedeutete, auf die eine oder andere Weise an dem Verbrechen teilzuhaben und nicht »auf seiten der Opfer« zu sein. Daß ich diese Sprache studierte, hieß natürlich nicht, auf seiten der Henker zu sein, aber doch irgendwie zu denen zu gehören, die von den »Verfolgungen« nichts zu befürchten gehabt hatten. Die von der anderen Seite,

Juden, Deportierte, die ich kannte, ehemalige Widerständler, militant oder nicht, fragten sich freundlich verwundert: »Wie kann er nur – nach allem, was sie ihm angetan haben?« Das war eine Stufe weiter in der Illegitimität.

Ich hatte schnell begriffen, daß ich mit der Philosophie nicht weit kommen würde. Es wurden bloß fünf, sechs Beamtenstellen für Philosophielehrer vergeben. Ich hatte da nicht die geringste Chance und mußte mich wohl oder übel auf Deutsch verlegen.

Es fiel sonderbar leicht, aber fünf Jahre nach Kriegsende war es, als müßte man das ganze noch einmal durchmachen. Man konnte leider das Deutsche nicht vom Nazismus trennen, die Störung war in die Sprache hineinverwoben. Jeder Satz zwang zur Gretchenfrage, und immer wieder sprang einem die Bestätigung ins Auge, Sätze mit der größenwahnsinnigen, kalten Brutalität oder der radikalen Verdammung, die unabwendbar in die nie wiedergutzumachende Katastrophe geführt hatten.

So saß ich fest zwischen meiner Kindheit, zwischen den Abenteuern von Max und Moritz und den massiven Texten »großer« teutscher Schriftsteller, die ohne Absätze, aber dafür um so gravitätischer daherkamen. An der Sorbonne sollte ich mich also wieder mit meiner Muttersprache abgeben, mich wieder in sie einfinden mit all ihren Verfügungen und Wucherungen, mit ihren Granitsäulen und Stahlhelmen, den Rehlein im Walde und den Blümelein auf dem Felde, mit ihrer gedrängten Prosa und ihrer feierlich-gewichtigen Lyrik.

Wenig später, 1949, kam ich zum ersten Mal wieder nach Deutschland und fand dort blühende Ruinen vor und ein kurzes Gedächtnis. Die Bahnhöfe waren neu verglast, und zwischen ordentlich geräumten Trümmern florierten die Geschäfte. Niemand wollte mehr von irgend etwas hören, nicht einmal von der Bombardierung Hamburgs, die weite Teile der Stadt verwüstet hatte; im Feuersturm waren die Gebäude geschmolzen, und die von Phosphorbomben getroffenen Menschen waren unter freiem Himmel lebendig verbrannt oder auf der Flucht vor den Flammen in der Alster ertrunken.

Zwischen Trümmern und Leuchtschildern machte die Stadt Gewinn, nach Selektionen ermordete Kinder hatte es nie gegeben, Deportierte hatte es nie gegeben, niemand hatte Züge ins nahe gelegene Konzentrationslager von Neuengamme rollen hören.

Der Rest der Familie war dank einer Mischehe verschont geblieben – »Jüdinnen«, die mit einem »Arier« verheiratet waren, konnten nicht deportiert werden – und lebte nun mit den Möbeln und Büchern meiner Eltern: Goethe, Schiller, Fontane, ja sogar Heine, aber in kleineren Bänden. Dieser bewegliche, geniale, originelle und unangepaßte Geist wurde in dem Milieu konvertierter Juden, die die besseren Deutschen sein wollten – und waren –, gemieden wie die Pest. Heine war ein Cousin der Großeltern, galt aber als »frecher Geist« und wurde deshalb ein wenig gefürchtet. Er schrieb eine lebendige, genaue Sprache, die gradewegs auf ihr Ziel losging, ein makelloses, unfehlbares Deutsch. Er hatte keine Angst vor der Wahrheit und verbarg sein Jüdischsein nicht, und wer so total integriert war wie meine Eltern, hielt den Umgang mit ihm für gefährlich.

Beim Lesen der deutschen Philosophen konnte man meinen, daß sie ihre Ausdrucksweise, ihre Sprache gern mit Ködern garnierten, mit Haltepunkten, die aber gleich nachgaben und sich in Luft auflösten, wenn man ein wenig bohrte, so daß die Genauigkeit in den Einzelheiten womöglich illusorisch war und zu einer Wortjagd ohne Ende führte. Das Französische scheint den Sprecher weniger einzuschränken durch abgezirkelte Gesten und Präzisierungen aller Art, es läßt dem Denken mehr Freiraum. Es hilft einem eher auf die Sprünge, wo das Deutsche Schritt für Schritt lenkt.

Nur bei Eichendorff und Nietzsche hatte ich ein Deutsch gefunden, das seiner eigenen Fährte folgte und mit sich selbst in Einklang stand, von schwindelerregender Klarheit und dennoch so reich wie in den verlogensten sibyllinischen, ziselierten oder dunklen Texten eines Großteils der deutschen Literatur, die zu der Zeit an der Sorbonne so beliebt war, weil sie romantisch und tief war. Die schöne, anschauliche Alltagssprache mit ihrer Komik und Menschlichkeit war dort vollkommen unbekannt, aus den Hörsälen ausgesperrt. Man hörte nichts von Hans Fallada, Erich Kästner und den vielen anderen, die ein bewegendes, offenes, freundliches Deutsch schrieben, die schönste Sprache von allen, aber verraten und verunglimpft, weil man sie für zu leicht verständlich hielt, eine Sprache, die man heute bei Peter Handke findet oder bei Paul Nizon, die übrigens beide keine Deutschen sind.

Ich kehrte mit Koffern voller gebundener Bücher zurück, ich hatte alles mitgenommen, was mir bei meiner Magister- oder Lehramtsprüfung zustatten kommen könnte, Goethe in zwanzig Bänden auf zwei Reisen, 1949 und 1950, Novalis, Fontane, Hebbel, Hesse. Es gab kaum Figuren, mit denen ich mich ganz identifizieren konnte, höchstens den jungen Helden in Hesses *Unterm Rad.* Irgendwie lauerte hinter allem die Drohung des Untergangs, der unvermeidlichen Katastrophe. Alles war äußeren Kräften, furchterregenden Finsternissen ausgesetzt. *Die*

Zeit ist nah. Man fühlte den Schrecken tief im Innern, aber er hatte nichts Biblisches an sich; es war »das grenzenlose Sein«, die Rache von »Romantikern« wie Ernst-Moritz Arndt.

Irgendwo steckte immer die Idee, daß einzig und allein Deutschland über die »wahren Werte« verfügte, wie der Philosoph Johann Gottlieb Fichte behauptet hatte. Und der Nationaldichter Emanuel Geibel hatte einmal sogar gemeint: *»Am deutschen Wesen soll die Welt genesen.«*

Wie das in gut lutherischen Familien üblich war, hatte ich zwei Paten, einen armen und einen reichen, der reiche gewährte mir 1949 die kleine Summe von 100 Mark, sofern ich vom Umgang mit ihm Abstand nahm. Ich kaufte mir davon einen Füllfederhalter von Mont Blanc und ein paar neue Bücher. *Doktor Faustus* war gerade erschienen, und ich wollte Gewißheit. Das Deutschland darin war in allen Punkten so, wie ich es befürchtet hatte: *»Wie wunderlich nimmt sich doch auch das gegen diese von uns heraufbeschworenen Untaten erhobene Kulturlamento im Munde derjenigen aus, die als die Künder und Bringer einer weltverjüngenden, in Ruchlosigkeit schwelgenden Barbarei den Schauplatz der Geschichte betraten!«* Thomas Mann hat alles über das Deutschland dieser Zeit gesagt, über die Verbindung zwischen Gotik und Metallurgie, Kälte und Künstlichkeit, Rührung und Zyklon B, allerdings in einer hölzernen Sprache. Ich begann zu begreifen, daß die berühmte »deutsche Philosophie« für etwas gut war, genau wie die *deutsche Gründlichkeit,* diese deutsche Manie, immer bis zum Ende zu gehen, koste es, was es wolle, in einer Art durch nichts zu bremsenden Amoklauf, der am Anfang der Apokalypse stand, die Europa damals erlebte.

IV

Begegnungen

Im Frühjahr 1950 wurde im Auditorium maximum der Sorbonne eine große Feier zu Ehren Thomas Manns veranstaltet. Es gab nicht allzu lange Reden, Jules Romains sang das Loblied seines »deutschen Kollegen«, der sich auf französisch bedankte, wobei er ihn als Romain Rolland ansprach, der schon seit ein paar Jahren tot war. Lautes Gelächter erfüllte den Saal. Nach dieser Darbietung wurde Thomas Mann von Studenten umringt. Es war das erste Mal, daß ich einen »großen Mann« sah, in Fleisch und Blut und dreiteiligem Anzug. Ich war frappiert von seinem lebhaften, aber irgendwie gleichgültigen Blick aus blauen Augen.

1950 war es auch, daß alles seine Ordnung fand, ohne daß Sorgen und schlechtes Gewissen nachgelassen hätten. Alles lief im Zufall zusammen und organisierte sich um ihn. Auf der Leseliste für den Semesterabschluß, der damals »certificat de littérature allemande« hieß, stand eine Erzählung von Heinrich von Kleist, die ich nicht kannte: *Michael Kohlhaas.*

Kleist ist einer der sehr wenigen klassischen Schriftsteller deutscher Sprache, dessen Gesamtwerk in einen einzigen Band paßt. In einem Zug las ich diese außergewöhnliche Erzählung, deren dichte juristische Sprache ohne Füllsel dem, was sie ausdrückt, wunderbar angemessen ist. Mit gleißender Genauigkeit sagt Kleist, was er zu sagen hat. Die Geschichte spielt im 16. Jahrhundert, zur Zeit Luthers: Als ein Pferdehändler an einem Schlagbaum, den er sonst ohne Schwierigkeiten passieren konnte, genötigt wird, zwei seiner Pferde als Pfand zurückzulassen, verwüstet er schließlich mit Fug und Recht (das er allerdings nur sich selbst angedeihen läßt) eine ganze Provinz, legt Brandenburg in Schutt und Asche, ausgehend von einem recht unbedeutenden Vorfall, der ebenso zufällig wie zwangsläufig eine Folge von ineinander verschachtelten Ereignissen auslöst. Kohlhaas, *»in die Hölle unbefriedigter Rache zurückgeschleudert«*, befindet sich immer am Schnittpunkt der Entscheidungen und bestimmt schließlich zufällig (aber was bedeutet »zufällig« in einer solchen Erzählung?) über das Schicksal des Hauses Sachsen (es wird durch Brandenburg ausgeschaltet), da eine Weissagung darüber in einem Amulett steckt, das ihm von einer alten Frau anvertraut wurde. Am Ende wird Kohlhaas doch noch Gerechtigkeit zuteil, er bekommt seine Pferde in bester Gesundheit zurück und wird gleichzeitig selbst zum Tode verurteilt. Der Kurfürst von Sachsen ist mit seinen Männern am Richtplatz und will Kohlhaas befreien, um an den Zettel zu kommen, auf dem sein Schicksal steht. Aber Kohlhaas verschluckt ihn und geht *»zu dem Schafott, wo sein Haupt unter dem Beil des Scharfrichters fiel«*.

Nach *Michael Kohlhaas* las ich die anderen Erzählungen Kleists, alle in diesem dichten, kraftvollen und geraden, fast furchterregenden Deutsch geschrieben. Ein Thema kehrt ständig wieder, vollständig, stets von neuem begonnen, unabweisbar: Die Figuren dieser Novellen sind alle zugleich Werkzeug und Gegenstand ihres Schicksals. Von einer unwichtigen Begebenheit ausgehend, läuft alles Weitere ab, unerbittlich, in absoluter Freiheit, aber völligem Unwissen um die ungeheuren Konsequenzen der nachfolgenden Verkettungen.

Weil sie für ihre Rettung durch ein Erdbeben Dank sagen wollen, werden die zwei jungen Menschen im *Erdbeben in Chili* von der Menge getötet. In der *Verlobung in San-Domingo* tötet ein Mann die Frau, die ihn retten will, im *Findling* zerstört ein Mann sich selbst und seine ganze Umgebung, weil er ein Findelkind am Wegrand aufgenommen hat. In aller Freiheit lösen diese Figuren eine Kettenreaktion aus, die nur für sie selbst von Belang ist und sie schließlich zermalmt, als wären sie gleichermaßen Subjekt wie Objekt ihrer eigenen Geschichte.

Ich habe das in Norddeutschland gelesen, wo alles gut lief und das Land sein Gewissen besänftigte, indem es *Das Brandopfer* las, eine Geschichte von Unschuldigen, die in einer Kirche verbrennen, geschrieben von einem evangelischen Pastor namens Albrecht Goes. Den Sommer 1950 verbrachte ich in Kiel, wo mein Schwager Ludwig Landgrebe, der letzte Assistent Edmund Husserls, Philosophieprofessor war. Er kannte alles, was einst in Österreich-Ungarn publiziert worden war. Er stand mit emigrierten deutschen und tschechischen Gelehrten in Verbindung und hatte 1946 zwei Exemplare von Kafkas *Prozeß* bekommen, kaum daß dieses Werk von Schocken in New York publiziert worden war; eines davon gab er mir, und schon der erste Satz fuhr mir in die Brust wie ein heftiger Schlag und nahm mir den Atem – da wußte ich, daß ich endlich mein Buch gefunden hatte.

»Jemand mußte Josef K. verleumdet haben, denn ohne daß er etwas Böses getan hatte, wurde er eines Morgens verhaftet.« So einen »Einstieg« hatte ich noch nie gelesen. Alles war da, von Anfang an, der ganze Stoff der Geschichte, man wußte noch nichts und wußte doch, unschuldig oder schuldig, ganz ohne Worte schon alles. Das war wie ein massiver, kontinuier-

licher Druck auf der Brust. Es gibt wenige solche plausiblen, vertrauten Geschichten wie die von Josef K., alles darin versteht sich von selbst, merkwürdig, daß es einem noch nicht selbst passiert ist. *Der Prozeß* erzählt die Geschichte eines jeden, wie sie jederzeit geschehen könnte, so wie sie ja eben geschieht. Nur durch den dünnen Film des Zufalls ist sie von der Wirklichkeit des Lesers, der eigentlichen, eigenen Zeit getrennt. Eine »andere Zeit«, die jeden fast streift, in der Schwebe, nicht vergangen, nicht gegenwärtig noch zukünftig, sondern ganz einfach da. Man ist ihr gerade noch entwischt, aber die Gefahr ist da und wartet.

Eigentlich war das kein Lesen, es war eher so, als ob jemand anderer genau ich wäre. Man ist selbst mitten in der Geschichte, im eigensten Innersten gepackt, parallel, als ob alles genauso passiert und nur die eigene Geburt versetzt ist. Diese Lektüre wußte etwas über mich, was niemand wissen durfte; sie wußte vom Uneingestehbaren. Von Anfang an erwartet man ein Justizspektakel, dessen Gegenstand man selbst ist. Vom ersten Satz an las ich wie nie zuvor, lebhafter, wachsamer als sonst, aber diesmal mit der unmittelbaren Gewißheit, nicht ausgeschlossen zu sein.

Es gibt derart ein paar rare Bücher, die einem helfen, sich von der stets gegenwärtigen Gefahr der

Dementia praecox zu befreien, und einen davon abhalten können, am Boden zu scharren, Gras auszureißen und Jahre der Verzweiflung, unheilbare Trennungen, das verlorene Zuhause, die für immer entschwundene Mutter auf einmal zu beweinen. Sie spielen da, wo man selbst ist, in dem Zwischenraum, den die Worte durchstreifen, ohne ihn zuzudecken. Solche Bücher, wie *Der Prozeß,* spenden eine große Ruhe, eine eigenartige Linderung.

Meist berühren, besänftigen die Worte, Sätze, Texte, vermeiden den Schwindel des Seins oder streifen ihn nur zwischendurch. Manche »verdammte Dichter« aber, wie Antonin Artaud, sind diesem Schwindel verfallen und versinken darin. Ihre Werke stürzen einen mitten hinein und zwingen einen, aus sich herauszutreten, das heißt, sich eine mögliche Form zu erfinden, um die Intensität, die ihnen innewohnt, einzukreisen. So ging es mir mit Hölderlin, den ich im selben Jahr, 1950, entdeckte, zur gleichen Zeit wie Kafka und Kleist.

Ich las all seine *Elegien* und *Oden* laut hintereinander weg, in einem permanenten Erregungszustand. Und je mehr ich davon las, *Brot und Wein, Archipelagus, Vulkan* und viele andere, desto mehr kam mir die Spannung, die sich darin manifestierte, nicht für einen Leser wie mich gemacht vor: Ich war daran nicht beteiligt; sie war mir als Gegenüber gegeben. Diese Flucht des »Sinns« vor den Worten, dieser Überschwang wurde gewaltig und ernst, wunderbar und fern. Man war wie mit Unwürdigkeit geschlagen. Manchmal war mir, als ob diese Lyrik mich ausschlösse, als ob sie ein »Wesentliches« enthielte, auf das ich meiner Herkunft wegen kein Recht hätte.

Dennoch ließ mich dieser eigenartig packende Rhythmus des Atmens in der Hölderlinschen Dichtung nicht los, und ich begann auf deutsch »Oden« der gleichen Art zu schreiben, sie nachzuahmen, was übrigens nicht sehr schwer ist. Sehr viel später veröffentlichte ich sogar einige davon in einer Zeitschrift. Lautlesen läßt einen ziemlich schnell der Illusion der Tiefe erliegen. Das körperliche Sein verändert sich, man fühlt, wie die Gedichte so in die innerste Dimension des Selbst eindringen. Plötzlich steigen weite Landschaften vor einem auf. Aber auch etwas Kaltes, Stürmisches wohnt Hölderlins Gedichten inne, grenzenlos und gebieterisch:

»Nah ist
Und schwer zu fassen der Gott«,

lautet der wohlbekannte Beginn von *Patmos,* einem der »patriotischen Gesänge«. Das Vaterland ist hier natürlich die Menschheit, doch bei aller Inbrunst stießen diese großen, unbewohnten Elegien den Leser zurück, brachten ihn wieder in sein »Hier«, an den Platz, der ihm zustand, und den Menschen war es bestimmt, sich vor höheren Mächten zu verneigen.

»Ein Zeichen sind wir, deutungslos
Schmerzlos sind wir und haben fast
Die Sprache in der Fremde verloren«,

schreibt Hölderin in der zweiten Version von *Mnemosyne.* Alle Gesänge Hölderlins sprechen mit dem gleichen lyrischen und melodiösen Elan von der unüberwindlichen Distanz, die den Menschen von dem trennt, was er ausdrücken will, aber bei Hölderlin manifestiert sich das Anderswo, nicht derjenige, der es empfindet. Das war wie eine Verdammung von außen her, maßgeblich waren Kräfte, die nicht den Menschen innewohnten. Hölderlin sagte, was Kafka sagte, nur umgekehrt.

Die ersten Oden Hölderlins, die noch aus seiner Zeit in Denkendorf stammen, als er vierzehn war, *Die Nacht, Die Meinige, Der Lorbeer,* all diese naiven Gedichte, seine Liebesoden *(An meinen B.)* an seine Freunde Bilfinger und Hiller, las ich zur gleichen Zeit wie den *Prozeß* und *Das Schloß,* ständig von einem zum anderen wechselnd. Sie atmeten die Begeisterung des Jünglings, der die Verzückungen der einsamen Lust entdeckt, deren Rhythmus und Bilder seine Gedichte durchziehen. Heftige, leidenschaftliche Internatslieben im Tübinger Stift (der Klosterschule für künftige protestantische Pastoren), erst zu Hegel, dann zu Schelling, haben Hölderlins Lyrik geprägt, so wie es auch bei Rimbaud war.

Im Gegensatz zu den großen Monumenten der »Reife« waren die letzten, zwischen 1811 und 1843 geschriebenen Gedichte Hölderlins, mit Scardanelli signiert und angeblich dem Wahnsinn entsprungen, rätselhaft und von einer geheimnisvollen Sanftheit, von einer sonderbar pathetischen Zärtlichkeit beseelt. Es waren einladende Gedichte, zu denen auch »schlecht Geborene« Zugang hatten.

Etwas später kam die Lektüre von Rilkes *Aufzeichnungen des Malte Laurids Brigge.* Dieses Buch über die Einsamkeit und die Betrachtung der Welt war in einem langsamen, etwas betrübten Deutsch verfaßt, sehr klar, ernst und schlicht und weniger feierlich als Hölderlins *Hyperion,* dessen so biegsame und melodiöse Sprache ein unüberwindliches hierarchisches Hindernis barg: Ich gehörte nicht dazu, und das ließ der Text mich auch wissen.

Malte Laurids Brigge war dem Leser nah, eine brüderliche Lektüre aus dem Blickwinkel, den jeder hat, der heimlich von unten auf die vertrautesten, alltäglichsten Dinge sieht, und die Schauplätze waren kein Dekor, sondern Orte des Lebens, in Paris oder anderswo. Rilke schrieb wie Rousseau. *»Män-*

ner, die einmal in der Schulzeit das hülflose Laster versucht haben, dessen betrogene Vertraute die armen, harten Knabenhände sind, finden sich wieder darüber, oder es fängt eine Krankheit, die sie als Kinder überwunden haben, wieder in ihnen an; oder eine verlorene Gewohnheit ist wieder da, ein gewisses zögerndes Wenden des Kopfes, das ihnen vor Jahren eigen war. Und mit dem, was kommt, hebt sich ein ganzes Gewirr irrer Erinnerungen, das daranhängt wie nasser Tang an einer versunkenen Sache.«

Jener andere spricht an deiner Statt von dem Tyrannen, der dich unterwirft. So erkannte man das Gemeinsame. Die Texte von Rousseau und Rilke enthüllen den geheimen Antrieb des Schreibens, dasselbe gilt für Hölderlin, der wohl in Gedanken an die Umarmungen seines ehemaligen Geliebten Isaac von Sinclair zum Schloßberg hinaufging und sich am Wegrand ergoß. Das *Tagebuch* Wilhelm Waiblingers, der Hölderlin 1823 besuchte, ist glücklicherweise in dieser Hinsicht recht offenherzig.

Musils *Verwirrungen des Zöglings Törleß* wurden durch die Figur Basini zu einer weiteren entscheidenden Etappe meiner Lektüre – Basini war ich, bis in die kleinsten Details –, nur behindert durch die endlosen Verdichtungen, die den Text verstellen, als bedürfte die Lebensleidenschaft abstrakter Exkurse, um die Begeisterungen der Phantasie zu verhüllen.

Während meines Militärdiensts, den ich 1954 als Dolmetscher in der französisch besetzten Zone ableistete, nötigte man mich zum sogenannten »Urlaub des braven Soldaten«, und so besichtigte ich in Tübingen nicht ohne Rührung den berühmten Hölderlinturm, wo Hölderlin von 1806 bis zu seinem Tod 1843 bei dem Tischler Zimmer wohnte. Man mußte den großen eisernen Schlüssel bei einer alten Dame abholen, die nur Schwäbisch sprach und in einem düsteren Kellerloch mit Blick auf das Pflaster der Klostergasse hauste, die an der hohen Stiftsfassade entlangführte, wo Hölderlin sein Studium abschloß.

1954 war Tübingen noch ein kleines Städtchen, geduckt, eng, beschränkt – man blieb unter sich. Die Landschaft rundum erlaubte es den nervösen, erhitzten Studenten, im Schutze des angrenzenden Grüns Selbstgespräche zu führen und sich ein Deutschland auszumalen, an dem die Welt genas. Auch ich ging den Schloßberg hinauf, die Gegend war noch unverstellt von Häusern, ich wagte aber keine Ergießung.

Auf Kosten der französischen Republik wurde ich, bevor ich Tübingen verließ, auf eine Exkursion nach Konstanz geschickt. Die jungen Rekruten, die nicht das Glück hatten, Deutsch zu können, langweilten sich dort unendlich, irrten wie Emigranten herum und schlugen ihre Zeit damit tot, die Geländerstäbe am See abzuzählen. Ich fuhr mit dem Schiff nach Merseburg, ein kleines Städtchen mit einer einzigen Straße, aus dem man nicht entwischen konnte, an einem steilen Hang zu einem großen dunklen Schloß, das senkrecht über dem See stand. Die blendende Abendsonne ging gerade darin unter und überzog das Ganze mit einem glatten, undurchdringlichen Gelb, in dem alles sich zusammenkauerte und dunkle Schatten warf. Eine Gegend für Menschenjagden und Hinrichtungen. Hier hatte die Dichterin Annette von Droste-Hülshoff gelebt, die Schöpferin einer der berühmtesten Novellen der deutschen Literatur des 19. Jahrhunderts: *Die Judenbuche.* Sie erzählt von der Ermordung eines jüdischen Hausierers durch einen eigentlich sanften, nachdenklichen Waldfrevler, der im Laufe der Zeit einer dumpfen Brutalität und einem immer sichtbareren Hochmut verfällt. Nachdem er zum Mörder geworden ist, erhängt er sich schließlich am selben Baum, an dem er sein Opfer aufknüpfte.

Diese kurze Novelle ist ebenso wie die Märchen der Brüder Grimm ein Bericht über das *Unheimliche,* diesen vertrauten Schrecken am Saum der Wirklichkeit. In der deutschen Literatur lauert das Unvermeidliche oft am Rand der Dinge, wo auch das Unsagbare der Kindheit unversehrt bewahrt wird.

Die schonungslose Beschreibung der rohen, barbarischen Sitten in einem Dorf tief in den deutschen Wäldern macht die Novelle so packend. Alle künftigen Morde sind hier schon gegenwärtig, als ob das Geklapper im Kasten des gejagten jüdischen Hausierers auf seiner Flucht durch den Wald durch das ganze Land schallte; sein Hecheln ist der Atem dieses Landes. Sein Schatten begleitete mich an diesem Spätnachmittag unter der tiefstehenden Sonne.

Die Waldränder und kleinen Städtchen waren das idyllische, naive Deutschland des dösenden deutschen Michels. In einer ebenso realen wie künstlichen Kindheit wie in einem Schlummer befangen, war Deutschland undenkbar ohne den »Sühnetod« des Juden, seines Alter ego, der es sich seiner selbst bewußt werden ließ. Der Jude und Deutschland bildeten ein untrennbares Paar, und doch konnte nur der Tod des Juden Deutschland seine »Reinheit« schenken und es zu seinen festen Bündnissen führen, die, wie die Hitlerverbrecher sagten, durch die Anwesenheit des Juden »beschmutzt« waren. Das endlich erwachsen gewordene Deutschland von heute hat, wie man sieht, einen sehr, sehr weiten Weg hinter sich. Leider zeigt die Geschichte der Gegenwart, daß es nicht als einzige Nation im Infantilen steckengeblieben ist.

Heinrich Heine und Friedrich Nietzsche erkannten besser als alle anderen, daß Deutschland der Katastrophe geweiht war, und fürchteten die Finsternis, in der es ab 1933 versank. In Annette von Droste-Hülshoffs Novelle liegt dieselbe Angst, dasselbe Dunkel wie im Grimm-Märchen *Die klare Sonne bringts an den Tag.* Da wird ein Jude wegen acht Hellern von einem Schneidergesellen umgebracht und sagt im Sterben: *»Die klare Sonne wird es an den Tag bringen!«* Der Mörder findet Arbeit und gründet eine Familie. Als er sich an einem Märzmorgen Kaffee einschenkt und die Sonne Kringel an die Wand zeichnet, murmelt er: *»Ja, die wills gern an den Tag bringen und kanns nicht!« – »Was meinst du damit?«* fragt seine Frau und bohrt so lange, bis er ihr schließlich die Wahrheit sagt, die sie unter dem Siegel der Verschwiegenheit ihrer Freundin verrät, drei Tage später weiß es die ganze Stadt, und der Schneider wird verurteilt und gerichtet.

Auf dem deutschen Selbstgefühl lag damals wie ein schwerer Deckel ein Unbehagen am Leben, das oft in Ressentiments umkippte, in den Wunsch, reinen Tisch zu machen und zu vernichten, was nicht dem Bild entsprach, das man sich von der Wirklichkeit gemacht hatte, weil *»nicht sein kann, was nicht sein darf«*, wie Morgensterns *Palmström* es formuliert.

Damals las ich auch die politischen Schriften Thomas Manns nach 1924, in denen er die Weimarer

Republik verteidigt und bis 1945 den Nazismus bekämpft. Das fiel zusammen mit der fast zufälligen Entdeckung des berühmten, aber weithin verkannten prophetischen Textes *»Über die Geschichte der Religion und Philosophie in Deutschland«* von Heinrich Heine, wo es heißt: *»Der deutsche Donner ist freilich auch ein Deutscher und ist nicht sehr gelenkig und kommt etwas langsam herangerollt, aber kommen wird er, und wenn ihr es einst krachen hört, wie es noch niemals in der Weltgeschichte gekracht hat, so wißt: der deutsche Donner hat endlich sein Ziel erreicht. Bei diesem Geräusche werden die Adler aus der Luft tot niederfallen, und die Löwen in der fernsten Wüste Afrikas werden die Schwänze einkneifen und sich in ihren königlichen Höhlen verkriechen. Es wird ein Stück aufgeführt werden in Deutschland, wogegen die französischen Revolutionen nur wie eine harmlose Idylle erscheinen mögen.«*

Ein Stück weiter oben schreibt er: *»Es werden Kantianer zum Vorschein kommen, die ... erbarmungslos, mit Schwert und Beil, den Boden unseres europäischen Lebens durchwühlen, um auch die letzten Wurzeln der Vergangenheit auszurotten.«*

Am Ende dieses Buches warnt Heine die Franzosen, sie sollten bloß stillhalten und vor allem nicht dem Erwachen der Deutschen applaudieren, weil diese sie sonst in ihrer unhöflichen Art womöglich zu ihren bescheidenen Beschäftigungen zurückschicken würden. Und in der Tat brachen die *»nordischen Barbaren«,* wie Heine sie im ersten Buch seiner *Romantischen Schule* nennt, ja hundert Jahre später mit Schwert und Kanone über Frankreich herein, und zwar unter der Führung jener Philosophen, die als *»Staatsphilosophen« »in der brillanten Livree der Macht«* ihre Zeit damit verbrachten, *»philosophische Rechtfertigungen für alle Interessen des Staates«* zu ersinnen.

In der deutschen Literatur gibt es immer irgendwo dieses Schwanken zwischen Idyll und Getöse, zwischen Wiedergeburt und Apokalypse, das meist in Katastrophen und Morden endet. Nicht umsonst erfindet Heine so hoffnungslose und ironische, ein bißchen zynische oder desillusionierte, aber auch naive und großzügige Figuren wie den Rabbi von Bacherach oder Herrn von Schnabelowski, die stets gefährdet oder von Anklage und Verfolgung bedroht sind wie Franz Kafkas Josef K.

Kafka spricht von derselben Seite wie Heine, auch er sitzt bei den Angeklagten, nie bei den Herrschenden und Mächtigen. Kafka geht von demselben »niederen« Standpunkt aus wie nach ihm Samuel Beckett oder Witold Gombrowicz. Kafka »klang« ganz anders als alles, was ich von der deutschen Literatur kannte, nur Kakanier wie er, Rilke zum Beispiel, oder Schweizer wie Robert Walser, dessen

Gehülfen ich 1956 entdeckte, siedeln ihre Figuren auf diesem Niveau an, wo das Besondere namenlos wird, auch das Schreiben von Peter Handke oder Paul Nizon geht von dort aus, von dem, was allen gemein ist.

Je mehr ein Text von jenem unsichtbaren Zwischenraum enthält, der die kollektiven Bindungen und Weisungen gefährdet, desto prägnanter ist er. Eure Gemeinschaften sind nicht meine, aber dafür die Menschen, die ihr darein verstrickt. Jede Gemeinschaft errichtet schließlich früher oder später Scheiterhaufen.

Es gibt keine andere Gesellschaft als die laizistische, zivile, republikanische Gesellschaft, die einzige, die keiner Rechtfertigung bedarf, und was Kafka schreibt, steht dazu nie in Widerspruch, er hat nie jemanden zum Verzicht oder zur Anpassung gezwungen, dazu, sich zu beugen und unterzuordnen. Kafka gehört zum kleinen Häuflein jener, die nie von Verachtung oder Machtgier gestreift worden sind. Der Grund seines Schreibens ist seine Ähnlichkeit mit anderen. Er verweist jeden Leser auf dessen »ungreifbaren Teil«, auf sein Unkommunizierbares, in dem jedes Sprechen gründet, auf die namenlose Intimität, die ihm den Atem nimmt und von ihm zeugt, jedes Ding mittendurchschneidet und alles an seinem Platz läßt. Solche Ideen gingen mir durch den Kopf, während das Schiff mich von Merseburg wieder nach Konstanz brachte.

Der »Urlaub des braven Soldaten« endete mit einem zweiten kurzen Aufenthalt in Tübingen, ich ging zur Universität und besuchte ein »Privatissimum«, ein nur wenigen Auserlesenen, die seiner würdig waren, zugängliches Seminar bei einem gewissen Wolfgang Schadewaldt, einem in ganz Deutschland berühmten Professor für Griechisch, von dem ich damals nicht wußte, daß er an der Seite Heideggers die nationalsozialistische Hochschulpolitik gefördert hatte. Er sah gut aus mit seiner im Rhythmus der Pindar-Übersetzung wippenden schneeweißen Mähne. Es waren nur fünf, sechs Studenten höherer Semester anwesend, bestimmt aus besseren Kreisen, mich hielt er für einen Geheimdienstoffizier und behandelte mich mit übertriebener Höflichkeit, um nicht zu sagen serviler Unterwürfigkeit.

Auf dem Rückweg von der Universität besuchte ich, bevor ich hinter dem Bahnhof vorbei durch die Hegelstraße wieder in die Kaserne ging, die Universitätsbuchhandlung im Stadtzentrum. Im Schaufenster las ich auf einem roten Umschlag mit schwarzen Buchstaben in Form einer Kalligraphie: Franz Kafka, *Hochzeitsvorbereitungen auf dem Lande* – über fünfzig Jahre nach Kafkas Tod gerade in Deutschland erschienen. Ich kaufte es – der Buchhändler wunderte sich gar nicht sehr darüber, daß ein französischer Soldat ein deutsches Buch kaufte – und noch zwei andere dazu, denn es fehlte mir nicht an Taschengeld. Ich verkaufte nämlich meine Zigaretten und die meiner Regimentskameraden an junge Deutsche weiter, die auf der Suche nach Abenteuern und irgendwelchen Vorteilen um die Kaserne strichen, wobei manch sechzehn- oder achtzehnjähriger Bursch mich ungeheuer verwirrte. Doch gelähmt von Skrupeln, Furcht und Scham, wagte ich kein Angebot, keine Annäherung.

Den zwei kurzen Fassungen der *Hochzeitsvorbereitungen auf dem Lande* folgten acht Notizhefte und *Fragmente,* die neun Zehntel des Bandes einnahmen. Ich begann darin zu blättern. Der kürzeste Satz war von einer solchen Präzision, einer solchen Übereinstimmung mit dem, was er ausdrückte, daß ich immer wieder zurückkehren und diese vollkommene Stimmigkeit aufs neue erleben konnte. Wie *Der Prozeß* waren auch die *Hochzeitsvorbereitungen auf dem Lande* in jenem klaren, lichten und genauen Deutsch verfaßt, das meist nur Österreicher oder Schweizer beherrschten.

Bei Kafka konnte man es am ehesten wagen, die eigenen Lebensumstände mit seinen zu verknüpfen. Rousseau, Flaubert, Rimbaud oder Artaud waren unantastbar, sie konnten ihre »Identität« allen Stürmen aussetzen, sie waren *salonfähig,* von guter Herkunft, *fréquentables,* wie man auf Französisch sagt. Das war ich nicht, ich war ein Lebenshinterzieher auf fremdes Risiko, ein Günstling von Gefilden, die nicht für mich gedacht waren, stets zwischen zwei Gewässern, ich nutzte Zimmer, Museen, Denkmäler oder Zugabteile, für die ich nichts getan hatte und die ich nicht verdiente, und bekam sogar Kleider, die arme Teufel oder elende Hungerlöhner hergestellt hatten.

Josef K., das war ich. Er stand genauso im Raum, sein Blick war meiner, keine Figur hat sich jemals so sehr in mir, inmitten meiner Existenz festgesetzt, und auch die *Fragmente* brachten mich immer wieder darauf zurück: *»Ich war der Figur gegenüber wehrlos, ruhig saß sie beim Tisch und blickte auf die Tischplatte. Ich ging im Kreis um sie herum und fühlte mich von ihr gewürgt. Um mich ging ein dritter herum und fühlte sich von mir gewürgt. Um den dritten ging ein vierter herum und fühlte sich von ihm gewürgt. Und so setzte es sich fort bis zu den Bewegungen der Gestirne und darüber hinaus. Alles fühlt den Griff am Hals.«*

Das Würgen endet darin, daß es kein Ende hat. Von da an wußte ich, woran ich war, der innere Horizont hatte sich eingerichtet. Kafka hatte dessen Geographie ausgemacht und umrissen.

V

Die Faust im Mund

Bei allen Anläufen und Annäherungen – die letzte Distanz bleibt unüberwindlich. Jedes Denken errichtet sich erst aus der Unfähigkeit, es selbst zu sein, und lebt nur daraus, daß es sich verfehlt. Es gibt eine Nähe, die sich ständig entzieht und sich selbst bloß enthält, indem sie sich entzieht, und nichts als diesen Entzug enthält. Das ist der Daseinsgrund des »Philosophischen«, nur daß die Philosophie ständig das Gegenteil behauptet, nämlich daß sie es doch noch schaffen wird.

Ich fand aber – außer ein paar Momenten da und dort – weder philosophische Texte, die den Schrekken des Nahen mit der höchsten körperlichen Kraft der Poesie ausdrückten, noch Poesie, die der Distanz genügend Klarheit verlieh, um sicher sein zu können, daß es *darum* ging, um dieses Beben des Denkens, um die Distanz, die sich in gleichbleibendem Abstand von sich selbst entfernt.

Selten jedoch fiel der jubelnde Überschwang des Geistes mit dem des Körpers zusammen. Der eine gab keine Belege des anderen: Entweder war der – jugendliche – Körper schuldig, oder der Geist bestätigte nur sporadisch jenes sonderbare Gegenüber, das man in sich trug, das alle Texte durchdrang und nirgends einen Ausgang hatte. Kafka: *»Die sinnliche Liebe täuscht über die himmlische hinweg, allein könnte sie es nicht, aber da sie das Element der himmlischen Liebe unbewußt in sich hat, kann sie es.«*

Der Zustand jenes jubelnden Überschwangs, in dem das »Selbst« plötzlich auf dem Höhepunkt seiner selbst ist, was die alte religiöse Sprache »Elation« nennt, fand nur verstohlene Momente der Entsprechung. Nun aber war bei Kafka diese Koinzidenz auf einmal dauerhaft hergestellt.

Von einer Lektüre zur anderen haben die Begegnungen nicht mehr aufgehört, kurz aufblitzende Momente schlagartigen Einvernehmens, aber nie so dauerhaft wie mit Kafka.

Wenn man Kafka liest, ist es, als hätte man teil an der ihm eigenen Art, sich in sich zu halten, als könnte man auf einmal das eigene Ersticken lokalisieren, als könnte man auf einmal definieren, was an sich gegenstandslos ist. Dank Kafka weiß man durch ein hohles, aber sicheres Wissen von einer Form, die man in sich hat, die als solche gegeben ist in einem mit dem Gesagten so sehr verfugten Schreiben, daß es sich in einer unerhörten Angleichung daran selbst auflöst: *»Hier wird es nicht entschieden werden, aber die Kraft zur Entscheidung kann nur hier erprobt werden«*, schreibt Kafka im dritten Oktavheft, oder, etwas später: *»Der Selbstmörder ist der Gefangene, welcher im Gefängnishof einen Galgen aufrichten sieht, irrtümlich glaubt, es sei der für ihn bestimmte, in der Nacht aus seiner Zelle ausbricht, hinuntergeht und sich selbst aufhängt.«* Was geschieht, wird von seinem Geschehen absorbiert. Ich bin das Hindernis auf meinem eigenen Weg. Es gibt keinen Ausweg. *»Noch spielen die Jagdhunde im Hof, aber das Wild entgeht ihnen nicht, so sehr es jetzt schon durch die Wälder jagt«*, schreibt Kafka auch.

Die Betrachtungen über Sünde, Leid, Hoffnung und den wahren Weg in demselben Band ließen die Erschütterungen beim Lesen von Pascals *Gedanken* wiederaufleben. Immer spielt sich alles zwischen zwei Polen ab, die unauflöslich miteinander verbunden sind und einander doch ausschließen: Es gibt nichts anderes zu sagen als das derart Figurierte, das sich nicht anders gestalten kann. Kafkas Sprache ist so genau, so unwiderlegbar, daß es davon tatsächlich keinen anderen Niederschlag geben kann als sie selbst, es sei denn, man wollte etwas anderes sagen. *»Wie ein Weg im Herbst: Kaum ist er rein gekehrt, bedeckt er sich wieder mit den trockenen Blättern«* oder: *»Du bist die Aufgabe. Kein Schüler weit und breit.«*

Der Bogen des Sinns läßt sich nicht anders spannen. Es gibt nichts anderes zu sagen, der »Sinn« wird auf sich selbst verwiesen, kein Ausgang wird ihm gegönnt.

Jenes Unüberschreitbare wird vielleicht durch Kafkas Seinsbedingung offensichtlich. Ein solches Selbstgefühl ist in jeden eingeschrieben, der, und sei es nur ein einziges Mal, unter der steten Bedrohung der Illegitimität als »Jude« bezeichnet wurde. Für solche Menschen ist das Leben überhaupt keine Selbstverständlichkeit mehr, sondern etwas Erstaunliches, ein tägliches Abenteuer als Überschreitung des ursprünglichen Seinsverbots. Vielleicht geht Kafka anfangs nur von diesem ursprünglichen Verbot aus: Du darfst nicht sein. Der Jude ist der, der weiß, daß er nur eine Galgenfrist hat, er weiß, daß sein Leben, anders als das der anderen, keine »Selbstverständlichkeit« ist. In jedem Augenblick vergreift man sich irgendwo an jemand, der als Jude geboren ist. Der »Jude« existiert nur auf dem Hintergrund des Todes, in dem die Verdichtung, die Konzentration des Lebens gründet, das sich nicht ausdehnt, sondern sich auf einen Wahrnehmungspunkt von extremer Schärfe reduziert.

Man kann sich fragen, ob nicht die außergewöhnliche Deutlichkeit der Sprache Kafkas aus dieser Reduktion entsteht. Die Entsprechung ist so vollkommen, daß man nicht die Worte liest, sondern die Sinnkurve, die sie bilden.

Kafka erreicht, was die Philosophie verfehlt, als hätte er deren Aussagen verkehrt und sie gegen den Strich genommen. Außerhalb der Philosophie hat Kafka deren Eigentliches gefunden.

Nun besteht das Philosophische – also das Wiedererkennbare der Philosophie, das, wodurch sie als solche erkennbar ist – aus jenem gleichzeitig unlösbaren und unbezwinglichen Streben. Dabei ist die Philosophie auf nichts anderes aus als auf die Aufhebung der Distanz, deshalb verfällt sie so leicht ins Gerede, aber sie vermag es nicht, sie bekommt ihren Gegenstand, der doch eben aus seiner Substanzlosigkeit besteht, nie zu fassen. Deshalb ist ihre Geschichte ihr permanenter Neubeginn. In einer 1920 geschriebenen Erzählung Kafkas, *Der Kreisel,* müht sich ein Philosoph vergebens, die Bewegung des sich drehenden Kreisels zu erfassen. Unter dem Gelächter der Kinder fängt er den Kreisel immer wieder ein; *»hielt er aber dann das dumme Holzstück in der Hand, wurde ihm übel«.*

Kafka sagt das eine und das andere, seine Texte erzählen, was die Philosophie einzuholen versucht. Seine Geschichten folgen der Tangente des Philosophischen, bilden es ab, stellen es dar, führen es auf, ohne sich je damit zu verzweigen oder anstelle der

Philosophie zu sprechen, die eben nicht so sprechen kann, da sie stets ausweglos auf sich selbst beschränkt ist und das nicht sieht, deshalb auch ist sie ja Philosophie.

Zu dieser Zeit habe ich öfter Prozessen in der XVII. Strafkammer beigewohnt, die vom Pariser Boulevard du Palais aus am einfachsten zu erreichen ist. Dort, im Justizpalast, in dieser großen, dunklen, steinernen Stadtausstattung, hatte man die zweiflügelige Tür mit ihren großen Glasaugen hinter sich und links vor sich, im hellen Licht, den Angeklagten in seiner Bank. Es war immer der gleiche Typ, kläglich, zerknautscht, ein bißchen abgenutzt. Sie konnten sich noch so in Schale werfen, man sah es ihnen trotzdem an, bis in die kleinsten Details, am Haarschnitt und natürlich an der Haltung ihrer Hände, an ihrer Stimme, die sie lange darauf vorbereitet hatten, was sie sagen und wie sie es vortragen wollten, man sah es ihnen an, daß sie die Angeklagten waren. Sie waren es ganz und gar geworden, sogar ihre Kleidung hatte etwas davon abbekommen, eine Falte, einen bestimmten Schnitt. Wenn man zwei, drei Vormittage hintereinander diese kleinen Angelegenheiten, die in einer Viertelstunde abgehandelt waren, an sich vorüberziehen ließ, konnte man fast riechen, was all diese Angeklagten gemeinsam hatten, man hätte sie auch auf der Straße erkannt. Sie waren kaum wahrnehmbar anders, ein wenig gebeugt, die Bewegungen leicht versetzt, wie bedacht oder verlangsamt; diese Beschuldigten wurden unvergeßlich, ihre Gesichter blieben in die Erinnerung eingeschrieben.

Leni, das Dienstmädchen des Advokaten, den Josef K. im 7. Kapitel des *Prozesses* in Begleitung seines Onkels konsultiert, findet alle Angeklagten schön. Der Advokat erklärt es so: »*Wenn man den richtigen Blick dafür hat, findet man die Angeklagten wirklich oft schön. Das allerdings ist eine merkwürdige, gewissermaßen naturwissenschaftliche Erscheinung. Es tritt natürlich als Folge der Anklage nicht etwa eine deutliche, genau zu bestimmende Veränderung des Aussehens ein. Es ist doch nicht wie bei anderen Gerichtssachen, die meisten bleiben in ihrer gewöhnlichen Lebensweise und werden, wenn sie einen guten Advokaten haben, der für sie sorgt, durch den Prozeß nicht behindert. Trotzdem sind diejenigen, welche darin Erfahrung haben, imstande, aus der größten Menge die Angeklagten, Mann für Mann, zu erkennen. Woran? werden Sie fragen. Meine Antwort wird Sie nicht befriedigen. Die Angeklagten sind eben die schönsten.*«

Die Anklage ist nach und nach in alle Zellen ihres Körpers eingesickert und zu ihrer innersten Substanz geworden. Einen Angeklagten anzusehen heißt, ob man will oder nicht, in ihn hineinzustürzen, ihn sein zu fühlen. Die Situation des Angeklagten bringt bei den anderen eine unbestimmte Schuldhaftigkeit ans Licht, so gewiß wie unbekannt, eine geheime Unanfechtbarkeit. Jeder Angeklagte ist an seiner Anklage schuld, sie ist unzerstörbar, sie macht ihn aus – wie die Scham das »Selbst« begründet. Die Anklage ist um so gewisser, als es ja Unschuld gibt, sie macht einen soviel gründlicher schuldig, als wenn man es wirklich wäre, denn wirklich schuldig zu sein erlöst von der Schuld der Verfehlung, doch K. kann sich davon nicht befreien, weil er selbst seine Verfehlung ist.

Josef K. hat nichts Böses getan, wird aber dennoch »beschuldigt«, der Prozeß wird ihn nicht mehr loslassen, er ist jeden Moment in ihm präsent wie eine neue Lebenssubstanz, wie ein Geschmack des Selbst begleitet er all seine Handlungen und lastet in ihm. Durch die Beschuldigung werden die Angeklagten schön und als solche erkennbar, man sieht sie ihnen an, denn ihre Schuld ist nur, daß sie *sind*. Sie dünsten die Anklage aus wie gezüchtigte Kinder früher. Gezüchtigte Kinder unterschieden sich auf den ersten Blick von den anderen durch eine unmerkliche Verlangsamung ihrer Bewegungen, ein stillschweigendes Einverständnis. In ihren Augen stand eine besondere Starrheit, als wären sie auf einen Punkt jenseits des Horizonts gerichtet. Diejenigen, die eine Strafe erwarteten, hatten einen tiefen Blick und hielten den Kopf anders als jene, die sie bereits »bekommen« hatten, aber allen war das gleiche Einverständnis, das gleiche Wissen gemein.

Für Josef K. wird die Anklage so sehr Teil seiner selbst, daß er zu ihrem Werkzeug wird, ihr zuvorkommt und sie vor sich aufstellt, ein bißchen wie der Jude aufgrund der Tatsache, daß er jüdisch ist, gezwungen ist, jüdisch zu sein, selbst wenn er es nicht ist und keine Ahnung von seiner Herkunft hat, nur weil er er selbst ist. Früher oder später wird ein Tribunal Josef K. daran erinnern. Früher oder später wird er mit sich selbst konfrontiert sein. So versucht er im ersten Kapitel, als er verhaftet wird, sich den Wächtern zu entziehen, die ihn nicht einmal festhalten, sondern ihn völlig frei lassen. Durch seine bloße Anwesenheit wird er zum Hindernis für die Arbeit des Gerichts, und das ist sein Prozeß. Der Prozeß ist das Verlieren des Prozesses. So wie das Schloß aus seiner Unerreichbarkeit besteht.

Im *Schloß* sieht K. die Gehilfen erst, als er sie nicht mehr brauchen kann, und die Angestellten des Schlosses, wie das Ausschankmädchen oder der Bote Barnabas, tauchen auf, wenn sie ihr Tun verpassen. Nichts existiert jenseits seiner Person, besser gesagt, alles zeigt sich nur in seiner Gegenwart, K. ist untrennbar von dem, was er sieht, außerhalb seiner

Präsenz ist alles unfaßbar. Ich bin nur da, wo ich bin, es gibt kein Anderswo. Mitten in der Literatur wird man von der Literatur aufs Philosophische zurückgeführt, wie es Kant oder Wittgenstein erstellen: Ich weiß nichts von dem Baum hinter mir!

Das außergewöhnliche, ganz einfache Raster des *Prozesses* wird von einer Unzulänglichkeit zur anderen weitergeführt. K. wird verständigt, daß sein Fall am nächsten Sonntag untersucht werden soll. Es wird ihm kein Zeitpunkt genannt, und doch beginnt er zu laufen, um auf jeden Fall um neun Uhr dort zu sein, obgleich er zu keiner festen Stunde vorgeladen wurde, und kommt eine Stunde zu spät. Auf gut Glück entscheidet er sich für eine Treppe und ein Stockwerk im angegebenen Gebäude, und das Gericht ist genau dort, wo er hingeht. Es ist da, wo er fast zufällig hinkommt, der Prozeß geht ihn nichts an, trotzdem ist es seiner, es geht drunter und drüber und ziemlich stürmisch her, jeder Moment ist der falsche, alles ist leer oder erstarrt, kaum daß er da ist, und erfüllt und belebt sich, kaum daß er sich entfernt. Alles ist miteinander verzahnt und zerfällt zugleich. Das unsichtbare Tribunal konstituiert sich in dem Maße, wie es sich Josef K. entzieht, wie K. sich dem Tribunal entzieht.

Er bekommt keine Luft in den leeren Büros und schafft es doch nicht, zu gehen. Alles steht jeden Augenblick auf der Kippe, doch nichts geschieht. Die Geschichte besteht aus einer Reihe von Rückschlägen, Lücken und Fehlern, auf die Josef K. immer wieder hereinfällt, denn Lücken und Fehler sind es nur für ihn. *»Zuerst will er weg, dann aber kann man ihm hundertmal sagen, daß hier der Ausgang ist, und er rührt sich nicht.«* Alles geht los und fällt in die Leere dieses Losgehens. K. ist das Objekt einer nicht nachlassenden inneren Sorge, die nicht von ihm abläßt, ein Mittelpunkt, um den sich vom ersten symbolischen Moment an alles ausrichtet und gruppiert. *»Der Gedanke an den Prozeß verließ ihn nicht mehr«*, heißt es zu Beginn des siebten Kapitels. Und doch baut sich schon von Anfang an, im ersten Satz des Buches vor ihm auf, was in ihm nun immerfort bohren wird: seine Seinsschuld. Er ist der Schuldige durch und durch, er ist schuld daran, schuldig zu sein, er ist der schuldige Leib.

Josef K. ist schuldig, sein Leib zu sein, er ist es so sehr, daß das fünfte Kapitel mit dem Titel *»Der Prügler«* die Mitte des Buchs einnimmt.

Von diesem fünften Kapitel war bislang wenig die Rede. Die Kommentatoren, die aufeinander folgten und oft spitzfindige Einfälle zu Kafka hatten, schwiegen sich über dieses Kapitel meist aus, als ob die Geständnisse, die es ihnen vielleicht entlockt hätte, sie womöglich zu nahe an den »lodernden

Herd« gebracht hätten, der hinter dem Geschriebenen brennt, wie bei Swinburne oder in François Augiéras' *Zauberlehrling* und auch, aber fröhlich, in *Monika* von E.T.A. Hoffmann, einem der raren erotischen Klassiker der deutschen Literatur.

Bei Kafka ist die Quelle eine dunkle Quelle – die Quelle des Uneingestehbaren, das Innerste der Phantasie, die seit der Kindheit das geheime Ritual begleitet, schwarz, denn die Unschuld hat keine Sprache, nur die Schuld spricht, und das ist der ganze Sinn der Sprache: *»die Worte verraten zu hören«* (Jean-Claude Brisville). Die Schuld ist nicht das, was begangen wurde, und nie macht die Strafe die Schuld wieder wett, sie schafft eine neue Unschuld: das Ersticken, das Umstürzen des Schmerzes. Das Kind weiß: Nichts, gar nichts wird je von der Unmöglichkeit des Sprechens sprechen können, es ist schon immer jenseits davon, glorreich, weil jener höchsten Wollust schuldig, die es sich selbst beschert. Es ist jener intimen Bildwelt ausgeliefert, die es von Tag zu Tag perfektioniert, entwickelt, verfeinert und die es zum Kern jener literarischen Texte führt, mit denen es sich bald identifizieren wird. Ertappt, wird der Internatszögling verurteilt, entkleidet, streng niedergehalten, doch er ergibt sich nicht, er weint, aber weicht nicht aus und lernt, lehrt sich selbst durchzuhalten, unter den Hieben weiter zu existieren, bevor er sich schließlich dem Rausch hingibt, dem Rausch an sich selbst, verschwenderisch wie die Fluten des Meeres. So muß wohl *»die Rute brennen, um die Besudelung zu beseitigen«,* wie Louis-René des Forêts in *Ostinato* schreibt.

Deshalb ist auch nichts da, sobald die Tür sich schließt. Als Josef K. eines Abends aus seinem Büro kommt und an einer Abstellkammer vorbeigeht, meint er ein Stöhnen zu hören, er öffnet die Tür und sieht in dem mit alten Akten und leeren Tintenfässern vollgestopften Raum drei Männer, von denen einer *»die anderen offenbar beherrschte und zuerst den Blick auf sich lenkte«,* weil er *»in einer Art dunkler Lederkleidung (stak), die den Hals bis tief zur Brust und die ganzen Arme nackt ließ«.* Die zwei anderen sind die Wächter Franz und Willem, die Josef K. verhaftet und sein Frühstück aufgegessen haben, worüber er sich anschließend bei Gericht beschwerte. Deshalb müssen sie sich *»ganz nackt ausziehen«.* Kafka ist an dieser Stelle von außerordentlicher Genauigkeit: *»›Kann denn die Rute solche Schmerzen machen?‹ fragte K. und prüfte die Rute, die der Prügler vor ihm schwang. ›Wir werden uns ja ganz nackt ausziehen müssen‹, sagte Willem. ›Ach so‹, sagte K. und sah den Prügler genau an, er war braun gebrannt wie ein Matrose und hatte ein wildes, frisches Gesicht. ›Gibt es keine Möglichkeit, den beiden die Prügel zu ersparen?‹ fragte er ihn. ›Nein‹, sagte* *der Prügler und schüttelte lächelnd den Kopf. ›Zieht euch aus‹, befahl er den Wächtern.«*

Man traut sich an dieser Stelle kaum weiterzulesen und dreht sich um, ob einen auch keiner dabei sieht. Es ist die Jugend, die Angst, erwischt zu werden, wie man sich der einsamen Schmach hingibt. Das offene Buch auf dem Tisch hätte alles verraten. Dann hätten sie alles gewußt und meine Wohltäterin informiert, die mir das Studium an der Sorbonne finanzierte. Ich sah mich schon vor ihr stehen, mit hängenden Schultern, verlegen, vielleicht gezwungen, die Schande zu beichten, *»die törichten Hirngespinste«,* die mich besetzten, der Kindheit entwachsen, den großen Bergwiesen und fernen, sturmgepeitschten Waldrändern im Licht des Spätnachmittags. Rundherum das Knacken der Äste und der geübte Blick auf der Suche nach den schneidendsten Haselzweigen. Ich sah mich als den der Strafe geweihten Jüngling mit den Ruten in der Hand den Hang hinaufsteigen, der Begegnung, die mich erwartete, entgegen, doch schon unbezwinglich durch jedwede Pflicht oder Zugehörigkeit.

Diese Entdeckung vollzog sich mit steigender Intensität, wurde von Tag zu Tag klarer und nahm in Kafkas Romanen Gestalt an. So schreibt auch Louis-René des Forêts: *»All das, was mit pathetischem Ton von oben herab als schädliche Leidenschaft gegeißelt wird, be-*

darf nur einer plötzlichen Wallung des Blutes, eines Schauers in den Lenden, einer wunderbaren Ekstase, um den Kindern seinen dunklen Sinn zu enthüllen und sie seiner verführerischen Schönheit stolz zu öffnen.«

Der Prügler hat *»eine Rute, keinen Stock«* in seiner Hand. Die Rute ist eine Geißel aus fünf, sechs Birkenzweigen mit sehr dünnen Trieben. Der zu Bestrafende muß sie selbst präparieren, er muß biegsame, schneidende Gerten aussuchen, sie pflücken und zusammenbinden, und das mit um so größerer Sorgfalt, als sie für ihn bestimmt sind. Dann muß er sie mit einem Band umwickelt derjenigen präsentieren, die ihn züchtigen wird, und im allgemeinen – jedenfalls in jedem gutgeführten Internat – weist sie sie zwei-, dreimal hintereinander zurück, was die Erwartung nur um so beängstigender und die Strafe noch strenger macht, woran der schwedische Schriftsteller Jan Guillou in *Evil. Das Böse* erinnert. Wegen der dünnen Zweige können Ruten nur auf nackter Haut angewandt werden, und bei Kafka schlägt der Prügler nicht auf Schultern und Rücken, wie es noch zu Beginn des 20. Jahrhunderts bei Delinquenten üblich war, sondern auf den Hintern. Willem löst den Gürtel seiner Hose, er wehrt sich ein bißchen, er ist dick und schon ausgepeitscht worden. *»›Sieh an, wie fett er ist‹«*, sagt der Prügler, *»›die ersten Rutenstreiche werden überhaupt im Fett ver-*

lorengehen.‹« Dann *»strich (er) ihm mit der Rute derartig über den Hals, daß er zusammenzuckte«.*

Josef K. setzt sich für die Wächter ein, die verteidigen sich, protestieren und bekommen einen Schlag auf die Schultern. Franz versucht die Strafe hinauszuzögern, *»den Schlägen entging er aber nicht, die Rute fand ihn auch auf der Erde; während er sich unter ihr wälzte, schwang sich ihre Spitze regelmäßig auf und ab«.*

Kafkas eindringliche Schilderung dieser Szene über mehrere Seiten ist zumindest verwirrend. Wie sollte man das verstehen? Der leidenschaftliche christliche Jüngling, der man war – voller Scham wegen seiner Herkunft und seiner sonderbaren Vergnügungen –, mußte zum Komplizen eines solchen Schauspiels werden. So ersteht die Schuld von neuem, dunkel und uneingestehbar: Die Wollust liegt in der Strafe. Die Zeichen kehren sich um und trotzen der Ordnung der Dinge. Und wie für Josef K. ist das Bild, kaum daß die Tür zu ist, nur noch im Kopf des Lesers.

Schlimmer: Die Strafe setzt sich bis in die eigenen Tagträume fort. Die Instrumente der eigenen Züchtigung vorzubereiten wurde zu einer Art Verklärung, einer Umstülpung des Selbst. Da der Bestrafte selbst mit der Herstellung der Werkzeuge beauftragt war, konnte er den Zeitpunkt der Züchtigung beliebig auf früher oder später verschieben, der Begegnung mit dem Unvermeidlichen schneller oder langsamer entgegengehen. Keine Situation wurde danach mit einer größeren Intensität erlebt als die Scham über die Nacktheit und der brennende und begehrte Schmerz der Rute.

Man war schuldig, man verdiente die Bestrafung, und sich daran zu laben machte noch schuldiger in der an die Welt gerichteten Scham, wie eine kindliche Herausforderung der »Wollust«, die man sich nachher verschaffte, indem man sich noch einmal vorstellte, der Rute ausgeliefert zu sein. War das die Scham, die Kafka meinte, als er im letzten Satz des *Prozesses* schrieb: *»Es war, als sollte die Scham ihn überleben«?*

Die Scham, die Nacktheit und der Schmerz sind bei Kafka überall gegenwärtig, wie *In der Strafkolonie,* wo der Verurteilte exekutiert wird, indem ihm das Urteil in die Haut geritzt wird, Kafka ist da sehr genau: *»Auf diese Watte wird der Verurteilte bäuchlings gelegt, natürlich nackt.«* Ein Soldat zerschneidet ihm Hose und Hemd mit dem Messer, *»so daß sie von dem Verurteilten abfielen; er wollte nach dem fallenden Zeug greifen, um seine Blöße zu bedecken, aber der Soldat hob ihn in die Höhe und schüttelte die letzten Fetzen von ihm ab.«* Die Blöße wird selbst zum Ort des Unerreichbaren: Ihr seht aus nächster Nähe, von außen, was ich innerlich sein soll, aber wenn alles gezeigt wird, wird doch nichts enthüllt; mich zu sehen beweist euch selber, sagt aber über keinen etwas aus. Wo ich am meisten ausgesetzt bin, ist das größte Geheimnis, meine Nacktheit umfaßt mich, da beginne ich, und da ist alles verborgen.

In einem Brief an Milena schreibt Kafka: *»Damit Du etwas von meinen ›Beschäftigungen‹ siehst, lege ich eine Zeichnung bei. Es sind vier Pfähle, durch die zwei mittleren werden Stangen geschoben, an denen die Hände des ›Delinquenten‹ befestigt werden; durch die zwei äußern schiebt man Stangen für die Füße. Ist der Mann so befestigt, werden die Stangen langsam weiter hinausgeschoben, bis der Mann in der Mitte zerreißt. An der Säule lehnt der Erfinder und tut mit übereinandergeschlagenen Armen und Beinen sehr groß, so als ob das Ganze eine Originalerfindung wäre, während er es doch nur dem Fleischhauer abgeschaut hat, der das ausgeweidete Schwein vor dem Laden ausspannt.«*

Kafka (Brief vom 28. Juli 1916) plante, *Das Urteil, Die Verwandlung* und *In der Strafkolonie* unter dem Titel *Strafen* zusammenzufassen, als ob die Strafe zum Körper gehörte als höchstes Zeichen der Anerkennung seiner geheimen, nicht mitteilbaren Heiligkeit. Ein Jahr später, am 3. August 1917, notiert er in seinem *Tagebuch: »Noch einmal schrie ich aus voller Brust in die Welt hinaus. Dann stieß man mir den Knebel fest ein, fesselte Hände und Füße und band mir ein Tuch vor die Augen. Ich wurde mehrmals hin- und hergewälzt, ich wurde aufrecht gesetzt und wieder hingelegt, auch dies mehrmals, man zog ruckweise an meinen Beinen, daß ich mich vor Schmerz bäumte, man ließ mich ein Weilchen ruhig liegen, dann aber stach man mich tief mit irgend etwas Spitzem, überraschend hier und dort, wo es die Laune eingab.«*

Der nackte Körper ist das Objekt des anderen, reines Erleiden, Passivität auf dem Gipfel des Selbst-Seins. Das ist die Bestätigung der entscheidenden Erkenntnis: Ich bin nicht, was ihr aus mir macht, was ihr aus mir macht, bestätigt mir nur, daß ich nicht bin, was ihr wollt. Je mehr ihr mir zusetzt, desto mehr entgehe ich euch. Das ist die letzte Finte der Unterwerfung, die Erhabenheit der Lüge.

Im Mittelpunkt des Bildes steht der Gefolterte, als wäre er der letzte Nachweis des vollkommen Unbekannten und ganz und gar Nahen, auf ihn richtet sich der Blick, als ginge er hinter die Tür der Abstellkammer, auf das, was er nicht sehen sollte: das Unsagbare des Leidens, das allein der Gerichtete empfindet wie den Gipfel des Unaussprechlichen.

Nun ist auch das gezüchtigte Kind mitten ins Unaussprechliche geworfen, es hat nur den Schrei für sich, doch es ist ihm verboten, unter der Rute zu schreien, jeder Schrei verschlimmert die Züchtigung. Danach erkennt man den Gezüchtigten, wie das Tribunal den Angeklagten erkennt, an dem seltsamen dichten schwarzen Licht, das von ihm ausgeht, an der Tiefe des Blicks, man wittert, was früher »Geruch der Geißel« genannt wurde und was man wirklich riechen kann, das »Aroma des Leidens«, das die Nasenflügel beben läßt, wie Swinburne im Anhang seiner *Lesbia Brandon* über die Schwester des jungen Francis berichtet, wenn dieser von seinem Vater gezüchtigt wird.

Und nun findet man bei Kafka dieselbe mysteriöse Unterwerfung, dasselbe Einverständnis, dieselbe vertraute und gleichzeitig fremdartige Faszination – *unheimlich,* würde das Deutsche hier sagen. Kafkas Phantasie bestätigt, bekräftigt hier die Phantasie Rousseaus, die Phantasie des Internatslebens, wo die Züchtigung ein verkehrter Ausweg war, eine von anderen gezogene Trasse des Selbst. Die Strafe begrenzte den Körper, legte dessen Konturen fest, stellte ihn in Gegenwart anderer als solchen zur Schau, wie er war, mit nacktem Hintern, in Schmerz und Scham, in Tränen.

Kafka im achten Oktavheft: *»Vor einer Mauer lag ich am Boden, wand mich vor Schmerz, wollte mich einwühlen in die feuchte Erde. Der Jäger stand neben mir und drückte mir einen Fuß leicht ins Kreuz. ›Ein kapitales Stück‹, sagte er zum Treiber, der mir den Kragen und Rock durch-*

schnitt, um mich zu befühlen. Meiner schon müde und nach neuen Taten begierig, rannten die Hunde sinnlos gegen die Mauer an. Der Kutschwagen kam, an Händen und Beinen gefesselt wurde ich neben den Herrn über den Rücksitz geworfen, so daß ich mit Kopf und Armen außerhalb des Wagens niederhing. Die Fahrt ging flott, verdurstend mit offenem Mund sog ich den hochgewirbelten Staub in mich, hie und da spürte ich den freudigen Griff des Herrn an meinen Waden.«

Man ist nur noch seine eigene Feststellung, ein Objekt auf dem Höhepunkt der Unterwerfung und der Bewußtheit – kreischend, gefesselt, eingeschränkt, eingezwängt –, und diese Bewußtheit umschließt sich selbst und sprengt sich, unwiederbringlich, souverän und triumphal. Es ist, als könnte man sich erst in der Einschnürung erfahren.

Die Person, die unterworfen wird, das ist der Leser selbst, auf seine innere Wahrheit zurückgeführt wie der Verurteilte *In der Strafkolonie,* der *»so hündisch ergeben«* wirkt, *»daß es den Anschein hatte, als könnte man ihn frei auf den Abhängen herumlaufen lassen und müsse bei Beginn der Exekution nur pfeifen, damit er käme«,* wie der bestrafte Jüngling, der sich mit heruntergelassener Hose hingibt, sich aus freien Stükken »in Position begibt«, und wie der dreizehnjährige Herbert Seyton in Swinburnes *Lesbia Brandon,* der von seinem Hauslehrer diesmal besonders streng bestraft wird – für ein Vergehen, das er gar nicht begangen hat – und der sich unter der Rute, durch seine, wie Swinburne sagt, *shameful naked submission,* bis zum äußersten Punkt seines Wesens selbst fühlt.

Obwohl der Lehrer Herbert wegen des Sturms verboten hatte, ins Meer zu gehen, springt er trotzdem ins Wasser, um ein Kind vor dem Ertrinken zu retten, was er jedoch verschweigt. Beim Essen sagt dann einer der Tischgenossen, dem Herbert beichten mußte, daß er am Morgen nackt ausgepeitscht worden war, zum Lehrer: *»Ich ahne, daß er gut ausgepeitscht worden ist, so leicht, als hätte ich ihn schwimmen gesehen oder als hätte er Peitschenhiebe ins Gesicht oder auf die Hände bekommen ...«* Die Hände nämlich sind schuldig. Reduktion bis aufs Intimste, das Kind wird jedes Zeichens beraubt, das ihm eigen war, es ist nur noch Körper, unformulierbar, und das ist exakt der Punkt, an dem es der Sprache entwischt und auch seine unerreichbare Souveränität begründet.

Diese Souveränität ist das Gefühl der Existenz, das »Körpergefühl«. Es zeigt sich durch jenen Schmerz in der Brust, den schon Goethe im *Werther* beschrieb: dieses in der Mitte des Sonnengeflechts drückende Gewicht, das man mit sich herumschleppt wie Hunde ihr Halsband. Dieses Empfinden der Existenz ist der Leib, und der Leib ist das einzige Zeichen dafür. Alles geht durch den Leib, und das Symbolische zuallererst. Es ist der Leib, der gezeichnet und gequält wird, er ist der Schuldige, durch ihn geht die Scham. Nicht umsonst ist der geschlagene, gefesselte, herumgezerrte Körper mit dem in ihn eingravierten Urteil so sehr Zentrum von Kafkas Schreiben.

Der Leib ist der äußerste Ort der Erfahrung, und die Besessenheit von den Qualen bei Kafka ist das Kennzeichen dieses äußersten Orts. Das Kind ist fasziniert von der Folter, als wäre der Gemarterte das Sinnbild des Menschlichen. Auf dem Höhepunkt des Leidens und des Schreckens erlebt der Gemarterte das Unsagbare; niemand wird sich je vorstellen können, was er leidet, es ist, als wäre er dazu bestimmt, in der Umkehrung, im Negativen, das Extrem des Menschlichen darzustellen. Der Anblick des Gemarterten ist der Anblick des umgedrehten, nach außen gestülpten Inneren, als wäre er das menschliche Antlitz schlechthin, sein Flehen.

Der Leib ist der Ort, an dem die Überschneidung zweier Unmöglicher erfahren wird: Scham und Schmerz. In einem Brief vom 3. April 1913 an Max Brod schreibt Kafka: *»Vorstellungen wie z. B. die, daß ich ausgestreckt auf dem Boden liege, wie ein Braten zerschnitten bin und ein solches Fleischstück langsam mit der Hand einem Hund in die Ecke zuschiebe.«*

Immer wird Hand angelegt an den Körper, und immer ist da jemand, an den Hand angelegt wird, ob Gregor Samsa, die Hauptfigur der *Verwandlung,* Karl Roßmann in *Amerika,* der Jäger Gracchus, die Sängerin Josefine und so viele andere, immer steht eine Person im Zentrum der Erzählung, jemand, der nie beschrieben wird, weil man es selbst ist, der Leser. Man ist dieser Jemand, das Tier im *Bau,* von lauter Gefahren umzingelt, die nur in Beziehung zu ihm existieren.

Josef K. im *Prozeß* darstellen zu wollen oder Gregor Samsa in der *Verwandlung* oder K. im *Schloß* heißt daher, sich einem Widersinn zu stellen, weil der Leser jede dieser Figuren ist und er sich nicht von innen sehen kann. Was man im Spiegel sieht, ist immer nur das eigene Bild, nie das Selbst, als das man sich wie jeder andere empfindet, ohne Worte, ohne Konturen, ohne Bilder, durch diesen Punkt mitten in einem drin. Wie K. ist der Leser das Zentrum der Geschichte, von ihm geht diese gleichbleibende Distanz aus, die nie in sich, in einer leeren philosophischen Behauptung formuliert wird, sondern gelebt, gefühlt, sichtbar gemacht durch ihr Im-Raum-Stehen. Sie stellt nichts anderes dar als sich selbst, und was erzählt wird, ist das, was erzählt wird, und nichts anderes.

Das Ziel, nach dem ich strebe, bleibt immer gleich

weit entfernt (wie nahe K. dem Schloß auch kommt, die Distanz ist immer dieselbe). Das Streben ist selbst das Ziel: *»Ich will ja weg«*, legt Kafka in seinem Tagebuch einer namenlosen Figur in den Mund. Ich bin der Weg, der zur Distanz wird, der Trieb, der sich von sich selbst wegtreibt. 1922 schreibt Kafka in sein *Tagebuch: »Die Jagd geht durch mich und zerreißt mich. Oder aber ich kann – ich kann? –, sei es auch nur zum winzigen Teil, mich aufrechterhalten, lasse mich also von der Jagd tragen. Wohin komme ich dann? ›Jagd‹ ist ja nur ein Bild, ich kann auch sagen, ›Ansturm gegen die letzte irdische Grenze‹, und zwar Ansturm von unten, von den Menschen her, und kann, da auch dies nur ein Bild ist, es ersetzen durch das Bild des Ansturmes von oben, zu mir herab. Diese ganze Literatur ist Ansturm gegen die Grenze«*, doch genau diese Grenze ist unüberschreitbar – daher gibt es Literatur. Wie die Sprache verfehlt aber die Literatur von Anfang an das, aus dem sie kommt, genauso wie ich die Grenze bin, gegen die ich anrenne. Mein Körper ist gleichzeitig er selbst und seine Grenze, die Haut.

Die Strafe schließt immer den Körper ein, sie ist sein Sinnbild, sie kennzeichnet ihn und macht ihn unverwechselbar, sie beweist ihn, wie die Scham ihn beweist – Scham und Strafe gehen Hand in Hand –, und stülpt ihn höchst ironisch um und um. In den *Betrachtungen über Sünde, Leid, Hoffnung und den wahren Weg* schreibt Kafka: *»Er frißt den Abfall vom eigenen Tisch; dadurch wird er zwar ein Weilchen lang satter als alle, verlernt aber, oben vom Tisch zu essen; dadurch hört dann aber auch der Abfall auf.«*

»Man geht nicht fort«, sagt schon Rimbaud, alles ist in den eigenen Grenzen gefangen, keiner wird über seinen Schatten springen. Das, was ich sage, ist in dem, was ich sage, eingeschlossen. *»Ich handle mit* voller *Gewißheit, aber diese Gewißheit ist meine eigene«,* schreibt Ludwig Wittgenstein *(Über Gewißheit).* Ich kann mich nicht selbst überschreiten, das ist ein leibliches Empfinden, welches das Denken ausdrückt, und das Denken übersetzt jenes leibliche Empfinden. Jeder ist das körperliche Empfinden im Inneren seines Selbst, unabhängig von seiner Gestalt; Gregor Samsa hat sein Selbstvernehmen ja nicht verändert, als er sich, Käfer geworden, feststellte, und sollte sich etwas verändern, dann eben wieder in ihm. Das in mir eingeschlossene Von-mir-Wissen kann ich niemandem mitteilen, niemand kann es mitteilen. Hier beginnt die Literatur, wie Karl Philipp Moritz' wunderbarer *Anton Reiser* zeigt, ein unvergleichliches Buch, das am Ende des 18. Jahrhunderts die Isolation des Bewußtseins vom Selbst in der unglücklichen, gleichzeitig aber souveränen und großartigen Figur eines unterdrückten Kindes voller Wissensdurst darstellt.

Ich bin meine eigene Unangemessenheit, das ist es, wodurch ich existiere: *»Nach schlechten Nächten mit offenem Mund [fühle ich] den mißbrauchten und gestraften Körper wie eine fremde Schweinerei in meinem Bett«,* schreibt Kafka an Max Brod im Juli 1914.

Das »schlimme Kind« ist seines Körpers schuldig, er ist, was es nicht mitteilen darf, was niemand je von ihm wissen wird, das Uneinkreisbare, der Leser.

In diesem Fall handelt es sich um einen Leser, auf dem das Verbot zu existieren lastet, der jedoch darauf besteht zu sein und ausharrt trotz des Verbots. Obwohl er ein christliches Kind war, das im Glauben an die Evangelien erzogen wurde, hat man ihm untersagt zu existieren, weil seine Ahnen bis in die Zeit der Propheten zurückreichen. (Der Nachdruck ist gewollt.)

Das Verbot zu existieren muß dich gar nichts angehen, du trägst es in dir wie eine umgekehrte Rechtfertigung, eine ständige Provokation, so daß die Strafe dich gründet und deine allen Winden ausgesetzte Nacktheit wie ein Aushängeschild über den Dächern schwenkt, während du die in deinem trotzigen Sein und deiner unbeweisbaren Identität zugleich entdeckte Scham genießt. Nun ist der Rausch des Seins, dieser subtile, unsichtbare Trotz, zugleich unbezwinglich und ausweglos, und dieser Zwischenraum, in den jener schlüpfte, dem verboten wurde zu existieren, ist vielleicht auch der Grund für Kafkas Schreiben.

Alle Texte Kafkas gruppieren sich um diese eine leere Präsenz. Jede seiner Erzählungen baut ihre eigene Unmöglichkeit auf und drückt sich mit ihr und durch sie aus: Alle erzählen, was sie behindert und wodurch sie erscheinen. So in *Schakale und Araber,* wo die Schakale jedem Europäer, der vorbeikommt, sagen, er sei der erste, ihm dieselbe rostige Schere in die Hand drücken und ihn auffordern, alle Araber umzubringen, und der Araber sie ihm jedesmal mit den Worten abnimmt: *»Eine unsinnige Hoffnung haben diese Tiere.«**

* Eines der ersten und sehr schönen in Frankreich geschriebenen Bücher über Kafka ist von Robert Rochefort und trägt den Titel: Kafka ou l'irréductible espoir – Kafka oder die unbezwingliche Hoffnung. Diese Unbezwinglichkeit ist nichts, aber sie ist unbezwinglich.

VI

Kafka

Alles steht an den Rändern rund um die stumme Mitte der Existenz eines jeden, immer kurz vor dem Einsturz in einen bodenlosen Brunnen, dessen Wände die Welt sind. Alles Schreiben versucht vielleicht stets von neuem, das Unfaßbare zu fassen, diese Unreduzierbarkeit der Person auf irgendein Etwas, die Valéry bei Goethe sah, die im Grunde alles Schreiben nährt und es vor der Idee des Endzwecks rettet: *»Alles zieht sich in einem einzigen Punkt zusammen, von dem wir fühlen, daß man sich immer mehr annähern könnte, obwohl man daran verzweifeln muß, ihn zu erreichen. In diesem Punkt ist etwas Einfaches, unendlich Einfaches, so außergewöhnlich Einfaches, daß es dem Philosophen nie gelungen ist, es zu sagen. Und deshalb hat er sein ganzes Leben lang geredet«*, schreibt Bergson in *Denken und schöpferisches Werden,* als spräche er von Kafka. Es ist, als hätte Kafka von Anfang an gewußt, daß ein Erreichen dieses Punktes außerhalb des Erreichbaren liegt, daß die Inhalte des Denkens sich immer mehr verflüchtigen und es keinen Ausweg gibt.

»Einen solchen Prozeß haben, heißt ihn schon verloren haben«, sagt der Onkel zu Josef K. im sechsten Kapitel von Kafkas *Prozeß,* der nur die plausible, mögliche Geschichte eines jeden ist. Josef K. ist niemand sonst, denn ich, der Leser, ich bin er, ganz wie K. im *Schloß* zum schweigenden Subjekt wird, von dem jegliche Überschreitung außer Kraft gesetzt wird, es hebt sie auf, da sie sich doch jedesmal durch seine Anwesenheit aufzehrt. In einer Folge von Aphorismen unter dem Titel *Er* schreibt Kafka: *»Er hat das Gefühl, daß er sich dadurch, daß er lebt, den Weg verstellt. Aus dieser Behinderung nimmt er dann wieder den Beweis dafür, daß er lebt.«*

Wohl selten wurde der innere Ablauf, den Bergson »Dauer« nennt, mit einer solchen Akkuratesse und Genauigkeit ausgedrückt. Und durch die schlichten Worte, die Kafka von Anfang an gebraucht, wird das sichtbar, dem die Philosophen, wie Bergson schreibt, ihr ganzes Leben lang hinterher sind. Kafka entblößt das Vorhaben der Philosophie, bei ihm herrscht eine strikte Übereinstimmung zwischen der Formulierung und dem, was sie sagen will, wobei das, was sie sagen will, auch das ist, was sich ihr entzieht: ihr »Objekt«. Es gibt immer ein Voraus, das dem Sprechen vorangeht, es zeugt und zieht.

Alle »Schriftsteller« waren stets hinter etwas her,

das ihnen entwischte und dessen »Entwischen« der eigentliche Stoff ihres Schreibens war, was sich eben in sichtbarer Form ausdrückt – man denke nur an die ungeheure Mühe Flauberts.

Die Fabel Kafkas überhaupt kristallisiert die Geste vor dem Sprechen, das schon auf der Zunge liegt, aber in seiner unüberwindbaren Aussage steckenbleibt – das ist die äußerste Erfahrung der Sprache, bevor sie ins Leere kippt. Adelbert von Chamisso, ein deutscher »Romantiker« französischer Herkunft – von 1835 bis zu seinem Tod 1838 Direktor des Berliner Botanischen Gartens und Autor des berühmten *Peter Schlemihl,* der seinen Schatten dem Teufel verkauft –, sagt das mit fast kafkaesken Worten in seinem 1822 verfaßten Gedicht *Tragische Geschichte,* das sich in seinem lustigen Erzählton tatsächlich wie eine kafkasche Fabel anhört:

's war einer, dem's zu Herzen ging,
Daß ihm der Zopf so hinten hing,
Er wollt es anders haben.

So denkt er denn: Wie fang ich's an?
Ich dreh mich um, so ist's getan –
Der Zopf der hängt ihm hinten.

Da hat er flink sich umgedreht,
Und wie es stund, es annoch steht –
Der Zopf, der hängt ihm hinten.

Da dreht er schnell sich anders 'rum,
's wird aber noch nicht besser drum –
Der Zopf, der hängt ihm hinten.

Er dreht sich links, er dreht sich rechts,
Es tut nichts Gut's, es tut nichts Schlecht's –
Der Zopf, der hängt ihm hinten.

Er dreht sich wie ein Kreisel fort,
Es hilft zu nichts, in einem Wort –
Der Zopf, der hängt ihm hinten.

Und seht, er dreht sich immer noch
Und denkt: Es hilft am Ende doch –
Der Zopf, der hängt ihm hinten.

Instrumente und Hürden zugleich, wie Jankelevitch gesagt hätte, sind Kafkas »Figuren« Ursache und Wirkung dessen, was immer entweicht. Die Grenzen des Universums heben ihre Erreichbarkeit auf. Im *Schloß* etwa – und das ist nur ein Beispiel von vielen – wartet K. im Hof einer der beiden Herbergen des Dorfes auf einen Beamten namens Klamm (was feucht und eng bedeutet, falls Kafka den Namen wegen seiner Bedeutung gewählt hat), von dem seine Zukunft abhängt. Wie dem auch sei, Klamm erscheint erst nach K.s Weggang, und der Weggang K.s ist Klamms Ankunft, das Warten auf Klamm entspricht dessen Abwesenheit, für die K.s Anwesenheit vielleicht nicht der Grund ist, es ist nur einfach das eine und nicht das andere. *»Sie verfehlen ihn auf jeden Fall, ob Sie warten oder gehen.«*

Im 18. Kapitel, als sich K. endlich die Möglichkeit bietet, einen anderen wichtigen Beamten zu treffen, durchkreuzt seine Anwesenheit die Verteilung der Akten, die sehr gut funktioniert, kaum daß er sich entfernt, und als er zufällig das Zimmer eines Beamten betritt, der ihm alles erklärt, ist er todmüde und bald tief eingeschlafen.

Die individuelle Existenz ist ihr eigener Prozeß; von Zufall zu Zufall führt ihr Weg unausweichlich mitten durch ihre Dauer, sie dauert nur, solange sie dauert. Sie ist nicht länger oder kürzer, als sie ist. *»Die dir zugemessene Zeit ist so kurz, daß du, wenn du eine Sekunde verlierst, schon dein ganzes Leben verloren hast, denn es ist nicht länger, es ist immer nur so lang, wie die Zeit, die du verlierst«*, schreibt Kafka in einer Erzählung mit dem Titel *Fürsprecher* (französisch mit »Protecteurs« – Schirmherren – übersetzt statt mit dem treffenderen »Intercesseurs«).

Im neunten Kapitel des *Prozesses,* »Im Dom«, wird der Prozeß aus sich selbst erklärt. In der leeren Kirche ruft der Priester von seiner Kanzel *»Josef K.«,* wie der Wächter, der ihn im ersten Kapitel verhaftet. *»Das Urteil kommt nicht mit einemmal, das Verfahren geht allmählich ins Urteil über«,* sagt der Priester und erzählt ihm dann die Parabel *»Vor dem Gesetz«:* Ein Mann vom Lande begehrt Eintritt ins Gesetz, aber der Türhüter sagt ihm, er könne ihn noch nicht einlassen. Er erlaubt dem Mann aber, sich vor dem Tor zum Gesetz einzurichten, wo er lange Jahre verbringt und allmählich schwächer wird, bis er kurz vor seinem Tode den Türhüter ein letztes Mal zu sich winkt. *»›Was willst du denn jetzt noch wissen? Du bist unersättlich‹, sagt der Türhüter. ›Alle streben doch nach dem Gesetz‹, sagt der Mann, ›wie kommt es, daß in den vielen Jahren niemand außer mir Einlaß verlangt hat?‹ Der Türhüter erkennt, daß der Mann schon am Ende ist, und um sein vergehendes Gehör noch zu erreichen, brüllt er ihn an: ›Hier konnte niemand sonst Einlaß erhalten, denn dieser Eingang war nur für dich bestimmt. Ich gehe jetzt und schließe ihn.‹«* Der Mann vom Lande ist nichts als sein Warten vor dem Tor des Gesetzes, er ist nichts anderes als nur die Dauer der Zeit seines Wartens. Der Geistliche erklärt K. die Parabel und zeigt ihm, wie der Sinn der Parabel die Parabel selbst ist und nichts darüber hinausgeht, *»man muß nicht alles für* *wahr halten, man muß es nur für notwendig halten«.* Es gibt keine andere Formulierung, als es formuliert ist. Es gibt kein anderes, als es anders ist.

»Es gehört ja alles zum Gericht«, sagt der Maler Titorelli zu Josef K., und der Geistliche sagt auch, daß das Gericht überall ist, wo Josef K. ist. Er ist sein eigenes Urteil, sein Urteil ist er. Er ist sein eigener Weg zum Tode hin, sein *Sein zum Tode,* wie ein ansonsten sehr schlecht inspirierter deutscher Philosoph einmal sagte. Einer der anderen Angeklagten, die beim Advokaten warten, ein Kaufmann namens Block, sagt zu K., *»daß viele aus dem Gesicht des Angeklagten, insbesondere aus der Zeichnung der Lippen, den Ausgang des Prozesses erkennen wollen. Diese Leute also haben behauptet, Sie würden, nach Ihren Lippen zu schließen, gewiß und bald verurteilt werden«,* denn Josef K. ist er selbst, er ist, der er ist, Auslöser und Ausgang seines Prozesses. Der Jüngling, der in den Wald geht, um die Birkenzweige zu schneiden, vorzubereiten und zu binden, die für seine Züchtigung bestimmt sind, befindet sich in einer vergleichbaren Situation, er kann das Unvermeidliche hinauszögern, dessen zwangsläufiges Eintreten er erleiden, dessen phantasierte Wiederkehr er aber nachträglich genießen wird wie eine zurückerstattete Zeit.

Es gibt nichts zu erklären, es gibt nur das, was passiert, was jede Erklärung, jede Deutung abschließt und die ganze Hinterwelt aussperrt. Es gibt nichts, worauf man zurückgeht, es gibt weder Fortsetzung noch Ende. Die Vollkommenheit der Mittel ist die Erzählung selbst. Von der ersten Geste an ist alles an seinem Platz, unwiderruflich, wie für den Landarzt: *»Einmal dem Fehlläuten der Nachtglocke gefolgt – es ist niemals gutzumachen.«* Das ist auch der Inhalt der *Kaiserlichen Botschaft:* Die Erwartung der Botschaft fällt mit der Reise des Boten zusammen, sie heben einander nicht unbedingt auf, finden aber gleichzeitig statt. Das ist so zufällig wie unvermeidlich. Alles kreuzt und verfehlt sich. Eine Art Parallelisierung der Gegensätze: *»Das Tier entwindet dem Herrn die Peitsche und peitscht sich selbst, um Herr zu werden, und weiß nicht, daß das nur eine Phantasie ist, erzeugt durch einen neuen Knoten im Peitschenriemen des Herrn«*, schreibt Kafka in den *Betrachtungen über Sünde, Leid, Hoffnung und den wahren Weg.*

Mit der Stirn treibt das Tier seinen *Bau* voran, in den *Fragmenten* sagt Kafka dazu: *»Sein eigener Stirnknochen verlegt ihm den Weg, an seiner eigenen Stirn schlägt er sich die Stirn blutig.«* Kafka trifft hier auf Ludwig Wittgenstein, ebenso besessen von der Unüberschreitbarkeit des Randes, an den jedes Denken stößt. Es geht um den gleichen gezügelten Ausbruch, die gleiche Implosion des Sinns. In den *Philosophischen Untersuchungen* schreibt Wittgenstein: *»Die*

Ergebnisse der Philosophie sind die Entdeckung irgendeines schlichten Unsinns und die Beulen, die sich der Verstand beim Anrennen an die Grenze der Sprache geholt hat.«

Die Philosophie aber sagt das ohne den Körper, ohne die Zuckungen des Leibes, ohne seine Schrift und ohne seine Sünde. Und was die Philosophie nicht sagen kann, wird bei Kafka unwiderruflich, wenn er im Juli 1913 in sein Tagebuch notiert: *»Durch das Parterrefenster eines Hauses an einem um den Hals gelegten Strick hineingezogen und ohne Rücksicht wie von einem, der nicht achtgibt, blutend und zerfetzt, durch alle Zimmerdecken, Möbel, Mauern und Dachböden hinaufgerissen werden, bis oben auf dem Dach die leere Schlinge erscheint, die meine Reste erst beim Durchbrechen der Dachziegel verloren hat.«*

Ein Leben baut sich weitgehend auf den grundlegenden Lektüren auf, die einen Bruch bedeuten, die den Fluß der Normalität umkehren, die das, was man sich nicht auszusprechen traute, was sogar zu denken verboten war, unter einem selbst aus den eigenen Tiefen heraufholen. Die vor 1930 geborenen Generationen wissen, wie verboten es war, den Körper zu denken. In gutgeführten Internaten durfte man sich nur im Nachthemd waschen, im Sommer durfte man nicht den Hemdkragen öffnen, und

Nacktheit war ausschließlich für die Züchtigung vorgesehen. Der Körper des Man-Selbst war unrechtmäßig. Dazu kam die Unrechtmäßigkeit, ohne Erlaubnis zu existieren, diese seit der Entdeckung Kafkas trotzig auf sich genommene Scham. Das ist ja, wie man weiß, der letzte Satz im *Prozeß*.

Kafka ist da, wo die Worte völlig auf Verstummen stoßen, wo man schutzlos ausgeliefert ist, ohne Zuflucht oder Gewißheit, wo der Leser sich dem, was er liest, nicht mehr anvertrauen kann. Wie Patrice Loraux in seinem schönen Buch *Le Tempo de la pensée* (»Das Tempo des Denkens«) über Josef K. schreibt: *»Du kannst nichts machen, für das du nicht den Preis bar bezahlen mußt. Ein Problem ist wahrscheinlich das: die Unmöglichkeit, dich auf das schon von anderen Begangene auszureden.«* Man kann sich hinter Kafka nicht verstecken; seine Schriften begründen, bestätigen die Unsicherheit, nur ihrer ist man sicher. Diese Unsicherheit, diese Gefahr, dieses ständige dem Bruch und der Sünde Ausgesetztsein »signalisieren« die Präsenz des Gesetzes, des Gesetzes, vor dessen Tor der Mann vom Lande wartet, *»des unauffindbaren Gesetzes«,* von dem der sehr früh verstorbene Schriftsteller Christian Pierrejouan in *L'Envers* spricht und sofort wieder in Schweigen verfällt, wie es diesem Gesetz zukommt; 1979 hatte er ein erstes Buches mit dem Titel *M/S* verfaßt, in dem steht: *»Mann zu wer-*

den, eingezwängt durch die Reinheit einer Funktion, in eine Definition einzutreten, dazu bin ich nicht fähig. Und ich weiß, welches Schicksal mich erwartet: Ich werde mein ganzes Leben lang nur um das Gesetz herumirren, ohne je mit ihm übereinstimmen zu können, weil ich von der Last meiner eigenen Spaltung gehemmt bin.« Das Gesetz ist um so präsenter, je unsichtbarer es ist. Das zeigt Kafka im *Stadtwappen,* in *Poseidon* oder der *Kleinen Fabel* und vielen anderen Texten. Im Gesetz ist die Sprache am treffendsten, in seinen Grenzen gefangen, ohne mögliche Überschreitung, aber umgeben von Lärm überallher, eignet sie sich ihre Aussage an.

Der Stoff von Kafkas Schreiben – das heißt, die innere Distanz – ist unerschöpflich und muß immer wieder neu aufgenommen werden, weil er immer gleich weit entfernt ist. Unter vielen anderen stellt eine kurze Erzählung mit dem Titel *Ein Traum* die ganze Logik dieses auf sich selbst treffenden Weges dar. Sie sollte wahrscheinlich in den *Prozeß* integriert werden, da die Hauptfigur Josef K. heißt. Kaum hat K. zwei Schritte gemacht, ist er schon auf dem Friedhof, und im Zeitraffer wird ein Begräbnis ausgerichtet, das im Tempo seines Näherkommens abläuft. Arbeiter halten einen Grabstein in die Luft und stecken ihn in die Erde, als K. auftaucht. Ein Künstler graviert »Hier ruht ...« in den Stein, hat aber trotz seines geübten Umgangs mit dem Meißel die größte Mühe weiterzumachen. Plötzlich fängt K. an, mit den Fingern im Boden zu wühlen, immer schneller, ein großes Loch öffnet sich, und er fällt hinein. *»Während er aber unten, den Kopf im Genick noch aufgerichtet, schon von der undurchdringlichen Tiefe aufgenommen wurde, jagte oben sein Name mit mächtigen Zieraten über den Stein.«* All diese Fabeln sind ein Versuch, das einzukreisen, dessen Sinn es ist, mit dem Auftreten zu entwischen. Von Erzählung zu Erzählung, von Fragment zu Fragment drückt Kafkas Werk stets denselben Gedanken, dasselbe unbezwingliche, stumme und unüberwindbare Sprechen aus, diese Distanz, die sich von sich entfernt, aber immer in Reichweite bleibt, sichtbar nur in der Erzählung, die sie in Szene setzt und in Erscheinung treten läßt. Außerhalb der Darstellung, die sie bestimmt, hat sie keine Dimension. Sie ist jedem zu eigen, doch fühlt jeder als einziger, was er fühlt.

In diesem ewigen Wiederdurchgehen, diesem ständigen, unermüdlich von neuem begonnenen Ringen zeigt sich die ganze Reichweite von Kafkas Werk. *»Findest du also nichts hier auf den Gängen, öffne die Türen, findest du nichts hinter diesen Türen, gibt es neue Stockwerke, findest du oben nichts, es ist keine Not, schwinge dich neue Treppen hinauf. Solange du nicht zu* *steigen aufhörst, hören die Stufen nicht auf, unter deinen steigenden Füßen wachsen sie aufwärts«*, schreibt Kafka am Ende von *Fürsprecher.*

Odradek *(Die Sorge des Hausvaters),* dieser unbenannte Wirrwarr zwischen den Sprachen, der bald da, bald dort ist, »verkörpert« diese unfaßbare Gegenwart, diesen »Un-Sinn« im Zentrum von Kafkas Schreiben, er ist die Auflösung der Hinterwelten, der Kausalitäten und Erklärungen. Es gibt nichts als das »Es gibt«, und eben das ist die Macht und die Vertrautheit von Kafkas Schreiben: Kein Werk *zielt* so auf den Leser, doch beim Lesen löst sich buchstäblich alles auf, jede Interpretation scheitert am unwandelbaren Text, wie alles danebengeht, was man über irgendeinen Leser Kafkas sagen wollte. Blumfelds Bälle in *Blumfeld, ein älterer Junggeselle* sind da, wo er ist, und er ist da, wo sie sind. Alles, was passiert, geht in dem auf, was passiert, jede Linie streckt sich nach sich selbst. Wie Patrice Loraux in seiner Analyse der *Brücke* von Kafka so schön zeigt, ist die Brücke ihr Umdrehen, ein Sich-Zurückwenden zu ihrer »Funktion«, über den Abgrund geworfen zu sein, ein Sich-selbst-Wiederaufnehmen also unter den Schritten dessen, auf denen sie sich umdreht. Alles wird sichtbar in Kafkas Erzählungen, alles wird gesagt. *Das Stadtwappen, Der Nachbar,*

Kleine Fabel usw., all diese Texte sprechen von der leeren Distanz, von ihrem eigenen Abstand zu sich selbst.

Kafka wußte dem Allgemeinsten eine besondere Form zu geben, um es universell zu machen. Bei Kafka erlebt man das Scheitern der Sprache wieder, das man in der Jugend erlebt, ohne das es aber kein Sprechen gibt. Aus dem Wissen um das Scheitern der Sprache ziehe ich meine Freiheit zu sprechen. Auf dem Nicht-Sagen beruht der eigentliche »Sinn« der Sprache. Was fehlt, ist in dem Text selbst, es ist genau das, was er sagt. Auch ein alter Mond kann noch scheinen, könnte man sagen. Die Beständigkeit dieses Themas, unüberwindbar und immer wieder neu aufgenommen, ist so unbezwinglich wie ich, der Namenlose, der auf seiner Existenz beharrt und gelernt hat zu leben, ohne sich zu ergeben, indem er einfach weiter ist und darauf beharrt, trotz des Existenzverbots, das ihm auferlegt wurde. Was auf dem Spiel steht, ist das, was man nicht sagen kann, es ist »der unfangbare Teil«.

Die Literatur ist ihr ständiges Ungenügen. Es ist ihr Wesen, durch ihre Notwendigkeit zu überdauern; ihre Unvollkommenheit ist ihr Daseinsgrund, darin ist sie »autobiographisch« und auf die äußerste, namenlose Nähe der Selbst-Begegnung reduziert, wie Flaubert es so wunderbar schlicht in einem Brief vom 26. Dezember 1856 an seinen »Busenfreund« Louis Bouilhet ausdrückt: *»Was habe ich an mir, daß mich alle Kretins, Irren, Idioten und Wilden auf den ersten Blick mögen? Begreifen diese armen Wesen, daß ich zu ihrer Welt gehöre? Erahnen sie eine Sympathie? Fühlen sie irgendein Band zwischen mir und ihnen? Aber das ist unzweifelhaft.«*

Und Peter Handke schrieb einmal, Kafka sei der Maler, der das Zimmer nebenan neu male.

Jedes Buch ist sein Mangel, entweder durch den Inhalt oder weil es ihn verfehlt. Zwei kleine Fabeln zum Schluß sollen den Schlüssel zu Kafkas Schreiben geben, und zwar eben deshalb, weil sie ihn in der ganzen Kürze und Klarheit ihrer Formulierung nicht hergeben. Die erste, *Gibs auf*, steht in dem Sammelband mit dem Titel *Beschreibung eines Kampfes: »Es war sehr früh am Morgen, die Straßen rein und leer, ich ging zum Bahnhof. Als ich eine Turmuhr mit meiner Uhr verglich, sah ich, daß es schon viel später war, als ich geglaubt hatte, ich mußte mich sehr beeilen, der Schrecken über diese Entdeckung ließ mich im Weg unsicher werden, ich kannte mich in dieser Stadt noch nicht sehr gut aus, glücklicherweise war ein Schutzmann in der Nähe, ich lief zu ihm und fragte ihn atemlos nach dem Weg. Er lächelte und sagte: ›Von mir willst du den Weg erfahren?‹ ›Ja‹, sagte ich, ›da ich ihn selbst nicht finden kann.‹ ›Gibs auf, gibs auf‹, sagte er und wandte sich mit einem großen*

Schwunge ab, so wie Leute, die mit ihrem Lachen allein sein wollen.«

Ein paar Seiten weiter die andere kleine Fabel, die der vorigen nicht widerspricht: *»›Ach‹, sagte die Maus, ›die Welt wird enger mit jedem Tag. Zuerst war sie so breit, daß ich Angst hatte, ich lief weiter und war glücklich, daß ich endlich rechts und links in der Ferne Mauern sah, aber diese langen Mauern eilen so schnell aufeinander zu, daß ich schon im letzten Zimmer bin, und dort im Winkel steht die Falle, in die ich laufe.‹ ›Du mußt nur die Laufrichtung ändern‹, sagte die Katze und fraß sie.«* Das alles findet nur so statt, weil ich da bin, ich, der Leser, der Störer, die unbezwingbare Hürde, an der alles Nachdenken strauchelt, für den man immer Beweise erfinden muß, der das Denken in seinem Lauf hemmt, der jeden harmonischen Ablauf behindert, der Unordnung in die Sprache bringt und sie ständig versaut. Wäre er nicht da, der Namenlose, der Mann von der Straße, stünde alles zum Besten: Das Denken dächte (ganz allein?), das Schreiben schriebe, alles »funktionierte«, aber er ist da, steht ständig im Weg, der »kleine Jude«, ein Hindernis ist er, dieser Franz Kafka, *»dem absolutesten Verlassensein ausgeliefert«*, wie Marlène Zarader in *La Dette impensée* (»Die ungedachte Schuld«) sagt.

Niemand hat sich wohl so weit wie Kafka in die universelle Erfahrung der menschlichen Existenz vorgewagt, die trotz allem nicht aufgibt, der Erfolglosigkeit gewiß, unter dem Zeichen des Gesetzes, in der ausweglosen Gegenwart des abwesenden Gottes.

Nachbemerkung

Wenn der Übersetzer (hier die Übersetzerin) das Unglück hat, einen Autor zu übersetzen, der leibt und lebt und dazu noch die entsprechende Sprache beherrscht, wird sein (ihr) Leben leicht zur Hölle, denn der Autor steht immer dahinter, meckert unentwegt, will alles besser wissen und stochert unaufhörlich in seinem Text herum. Mit Brigitte Große aber wurde es wie immer zu einer schönen Reise in die Sprache. Der Text schnellte per Computer hin und her zwischen Hamburg und Paris, manchmal, eher selten, wurde dazwischen auch geschimpft, oder man begeisterte sich für irgendeine »trouvaille«. Die Übersetzerin wurde hie und da zum Umdenken gezwungen, und der Autor wurde zu Erklärungen herangezogen, zu Deutungen, die sich dann wieder in der Übersetzung niederschlugen, so daß sich aus dieser Zusammenarbeit ein deutsches Buch ergab, das haargenau dem französischen Original entspricht. Der Übersetzer ist wirklich – das sollte man nicht vergessen – immer der

Mitautor des Textes, gerade in dem Maße, in dem er vollkommen verschwindet, sich mit jeder Faser seines Übersetzerwesens dem Text hingibt, ohne das Kleinste hinzuzufügen oder zu streichen. Darin liegt die Schwierigkeit des Übersetzens: ganz zum Autor zu werden und dabei nicht im geringsten von ihm abzuweichen, nicht der Interpretation oder der Anteilnahme usw. zu verfallen, sondern einzig und allein in der Genauigkeit des Übertragens zu erscheinen, so daß am Ende der Text so in der Zielsprache steht wie in der Ausgangssprache. Hier liest der Autor auf deutsch genau das, was er auf französisch geschrieben hat. Dafür möchte ich, nach gemeinsamer Arbeit, Brigitte Große danken.

Georges-Arthur Goldschmidt

Inhalt